無孔笛

대궁당 종상 법어집

無孔笛

구멍 없는 피리를
빗겨 불고

조계종
출판사

대궁당大弓堂 종상宗常(1948~2024) 대종사

임종게

미움도 싫어함도 깨끗이 씻어버리니
헐뜯고 칭찬함이 어디에 붙겠는가
초연히 생사를 해탈하니
금까마귀 하늘 뚫고 날아가네

嫌猜蕩滌　혐시탕척
毀譽何留　훼예하류
超然脫生死　초연탈생사
金烏徹天飛　금오철천비

獅子無伴侶

佛国寺宗常合掌

청계사 와불에서

佛性清淨

辛卯憂大弓書

동국대학교 불교대학원 불교경영자 최고위과정을 수료하고(2004)

觀心法總攝諸行

初春 佛國寺 宗常

불국사 주지 시절(2004)

석굴암 참배 후

장곡사 뜰에서(2017)

위_불영사 법문 후
아래_청계사를 방문한 아이들과 함께

위_대궁당 종상 대종사 유품(가사와 죽비, 2024))
아래_대궁당 종상 대종사 유품(물잔, 2024)

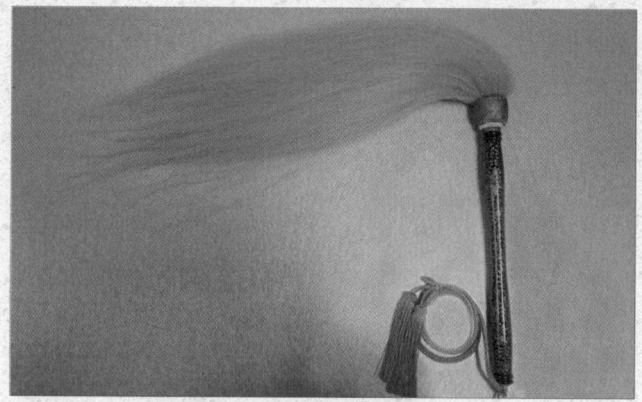

위_대궁당 종상 대종사 유품(불자, 2024)
아래_대궁당 종상 대종사 유품(염주, 2024)

위_대궁당 종상 대종사 유품(붓, 2024)
아래_대궁당 종상 대종사 유품(벼루와 먹, 2024)

序

물소리 끊어지고
산색마저 사라지네

동짓달 초겨울인데도 아직 불국사佛國寺에 붉은 단풍은 차가운 바람을 머금고 종縱으로 횡橫으로 휘날리면서 담장 밑에 쌓인다. 쓸어놓은 낙엽 무더기 속에 누가 있어 부르는 것 같다. 낯익은 얼굴을 내민 것 같다.

고개 넘어 정혜료定慧寮에 밤마다 무심한 달빛이 찾아온다. 달빛은 아예 빛바랜 마루턱에 걸터앉아서 잠자는 누군가를 불러내려 하는 것 같다.

오늘도 내일도 무정無情한 달빛은 계속 찾아오지만 앞산도 첩첩 뒷산도 묵묵. 말 줄이 끊어져 없으니 말 못할 슬픔과 허전함이 잔영殘影의 날개를 펴고 우리들의 옷자락을 잡고 걸음걸음에 뚝 뚝 떨어지니 매우 혼미스럽다.

대궁大弓 대종사大宗師여!
그 먼 길을 훌훌 가버리시니
남는 자의 미혹迷惑한
아픈 마음은 어찌하렵니까?

오늘은 대궁 대종사 입적 후 4재일이다. 맞상좌 성행成涬과 성견成見이 찾아와 울먹이면서 "평소 우리 스님께서 하신 말씀을 법문집法門集으로 엮어 돌아오는 사십구재에 공양물로 올린다" 하며 글을 청청請請하니 입적入寂하신 스님의 편린片鱗과 영상影像이라도 가슴속에 오래 묻어두려는 애련哀憐함과 정성精誠들이 나의 눈물샘을 건드린다.

喝水和聲絶 갈수화성절
寂山幷影非 적산병영비

갈喝 하니 물소리 끊어지고
적寂 하니 산색山色마저 사라지네.

경허鏡虛 스님의 법문法門과
초의草衣 스님의 뇌소다雷笑茶를
함께 드리우니 안심입명安心立命 하소서.

생사生死를 벗어버린 스님께
선구禪句니 서문序文이니
무슨 의미가 있겠는가
남은 우리들의 군더더기 위안일 뿐이지요.

천년千年의 무영수無影樹
금일今日 밑 없는 신발 신고 나오시고
토함산吐含山 천봉千峯의 달들이
시장市場 보고 살림 잘 산다네.

대궁 대종사시여!
다시 사십구재에 만나요.

불기 2568년(2024) 12월 7일

일해 덕민—海德旻

일러두기

1. 이 책은 종상 큰스님이 사보, 잡지, 신문, 인터넷 등에 실은 칼럼들을 엮어 펴낸 것이다. 글을 쓴 시간 순서가 아니라 주제별로 장을 나누고 묶었다.
2. 도서명, 정기간행물, 경전 등은 쌍꺾쇠《 》로, 시, 단편소설, 그림, 영화 등은 홑꺾쇠〈 〉로 표시하였다.
3. 당시의 시사 문제를 다룬 글의 경우라도 지금 우리들에게 큰 가르침을 주고 있어 가능한 그대로 실었다.
4. 한자 또는 영어를 병기할 때 앞 말과 음이 같을 경우 괄호를 생략하고, 음이 다르거나 두 단어 이상일 때는 괄호를 표기하였다. 또 앞에서 한 번 병기하는 것을 원칙으로 하나, 가독성을 위해 중복해서 병기하기도 하였다.
5. 표지의 無孔笛는 남령 최병익 선생의 글씨다.

머리글

원력보살의 삶

"스스로 닦고 스스로 행하며 스스로 불도를 이루어라!"

불국사 회주이자 은사이신 대궁당大弓堂 종상宗常 대종사께서 제자는 물론 불자들에게 항상 하시던 가르침입니다. 열반에 들기 전에도 큰스님께서는 이같은 말씀을 하셨습니다. 당신은 항상 소리 없이 등불이 되어 실천하신 보살이셨습니다. 상좌들에게 마지막으로 당부한 유언 또한 "원융화합하고 매사 공심公心으로 살아가라"는 가르침이었습니다. 상좌로서 큰스님의 진면목과 온화한 가르침을 올곧게 받들지 못해 부족했음을 깊이 참회합니다.

은사스님의 가르침과 일상을 마음으로 되새기다 보면 '공감共感'이라는 말이 자연스럽게 떠오릅니다. 큰스님을 따르게 하는 공감의 힘은 부처님께서 설한 자비희사慈悲喜捨의 가르침을 일상에서 실천할 수 있도록 하는 디딤돌이 되었기 때문입니다. 큰스님의 삶이 그와 같았기에 영결永訣의 장에서 종정 성파 큰스님과 총무원장 진우 큰스님을 비롯한 원로대덕은 물론이요, 대통령 등 정관계 지도자들까지 한결같이 찬탄하신 말씀은 "세간의 고통과 난관을 온몸으로 짊어진 원력보살의 삶이었다"는 칭송이었습니다.

종단이 어지러울 땐 오직 공심으로써 종단의 발전을 기준으로 통찰하고 실행하셨고 포교와 나눔이 부족한 곳엔 전법을 위한 자비도량을 조성하셨으며 배고프고 소외된 이웃을 위해선 기꺼이 천수천안 관세음보살님의 손과 발이 되어 고통을 씻어내고 위로하는 수고로움을 마다하지 않으셨습니다.

큰스님은 조실 월산月山 대종사님을 부처님 같은 위의로서 받들고 시봉하면서 가르침을 전수받았습니다. 그리고 오늘날의 불국사가 우리 앞에 현신할 수 있도록 일념으로 걸어오셨습니다. 토함산 석굴암의 부처님을 본존불로 한 불국사와 수말사는 물론이요, 의왕 청계사와 분당의 석가사, 대한불교조계종 중앙종회를 비롯한 종법 기구 등 스님의 정신과 가르침이 미치지 않은 곳이 그 어디에도 없었으니 스님의 한 걸음 한 걸음은 말 그대로 공기空氣와도 같은 행원이었습니다.

"미움도 싫어함도 깨끗이 씻어버리니
헐뜯고 칭찬함이 어디에 붙겠는가.
초연히 생사를 해탈하니
금까마귀 하늘 뚫고 날아가네."

嫌猜蕩滌 毀譽何留

超然脫生死 金烏徹天飛

은사스님께서 열반송으로 설하셨듯이 스님의 삶과 가르침은 항상 자비로웠고 사부대중 공동체에 요익했으며 공적인 인연공덕으로 향했기에 평소 법석에서 남기신 지혜의 법문과 일상의 가르침 역시 따스하고 청정했습니다. 대궁당 종상 대종사의 49재에 스님의 가르침과 법문을 결집한 《구멍 없는 피리를 빗겨 불고》를 출간합니다. 불국사의 사부대중과 제자들의 지극한 정성으로 공양 올리오니 부디 인연공덕으로 이어져 자비롭고 행복한 세상의 등불이 되기를 발원합니다.

불기 2568년 대궁당 종상 큰스님을 기리며
문도 대표 상좌 성행成泞 삼배 올립니다.

차례

序 | 물소리 끊어지고 산색마저 사라지네 _ 일해덕민   23
머리글 | 원력보살의 삶 _ 성행   27
부록   341

제1장 棹無底船
밑이 없는 배를 노 저으며

부처님 오시기 좋은 날 37 • 열반의 참뜻 40 • 기도합시다 43 • 예정에 없던 길 47 • 스물다섯 가지 후회 50 • 무소유 53 • 부처님 오신 달에 할 일 57 • 가마솥 속의 콩 63 • 우리 집 전통 66 • 새해 첫 기적 69 • 아름다운 2위 71 • 의식의 '전족' 75 • 홀가분해서 행복해 78 • 병든 사회의 거울 81 • 윤리, 입시 교육에 뒷전 83 • 멸종 위기 '개천의 용' 85 • 과도한 걱정 88 • 경전 공부 91 • 인생의 유리병 95 • 경계를 넘어 98 • 낙관의 돛, 비관의 닻 102 • 무상 속에서 105 • 정치인의 국민 우롱 110 • 로또 인생 113 • 인공지능과 함께 116

제2장 吹無孔笛
구멍 없는 피리를 빗겨 불고

응원을 하는 이유 121 • 상식이 사라진 교육 현장 124 • 얼굴 없는 선행 127 • 마음이 부처 131 • 행복의 맛 134 • 승패 137 • 사색 없는 인터넷 시대 141 • 우리는 알고 있다 144 • 쉼표 147 • 만델라의 유산 151 • 생사의 바다 154 • 그리움 159 • 용서 163 • 부자가 되라 166 • 성공의 가격표 169 • 괜찮아, 넌 잘하고 있어 173 • 포용과 통합 176 • 백년해로 179 • 밧줄 추락사 183 • 보수와 진보 186

제3장 施無盡供
끝이 없는 공양을 베풀며

의무와 도리 191 • 지금 이 순간의 삶 193 • 기적의 통로 197 • 쓰나미 200 • 국경 없는 단어 '엄마' 203 • 아이들이 행복한 세상 207 • 금오국제선원 211 • 꺼지지 않는 등 213 • 아름다운 희생 216 • 거대한 '우리'의 축제 219 • 자리 욕심 223 • 세상을 파괴하는 것 226 • 지방방송 전성시대 230 • 표현의 자유 233 • 가슴에서 가슴으로 237 • 나이 듦 241

제4장 說無生話
생멸이 없는 말을 설한다

사람을 살게 하는 힘 247 • 종말에 대한 생각 251 • 인생의 벽 254 • 마음과 수명 256 • 장수 시대 259 • 삶의 고수 261 • 삶과 죽음 사이 265 • 내면의 세계 268 • 마지막 길 271 • 나이 예순 275 • 후회 없는 삶 278 • 얼마나 살아야 281 • 고해 285 • 죽음 준비 288 • 삶의 기술 291 • 수희공덕 296 • 마음의 위치 299 • 거짓말 303 • 벌새의 기적 306 • 오유지족 308 • 유산 310 • 목적이 있는 삶 314 • 사회적 가치 317 • 길이 끝나는 곳 321 • 공생 323 • 나이 듦의 지혜 327 • 노인 문제 329 • 사바세계를 사는 지혜 331 • 최장 열대야 334 • 물러남의 가르침 336

제一장

棹無底船

밑이 없는 배를 노 저으며

大弓堂 宗常 法語集 無孔笛

부처님 오시기 좋은 날

지금 우리나라는 어느 때보다도 오탁악세의 현실에 빠져있다. 나라를 이끌어야 할 지도자들이 오히려 국민의 걱정거리가 되고 있으며, 정치 경제 사회 등 온갖 분야가 타락과 부패로 얼룩져 앞날을 불투명하게 하고 있다. 분명 지금의 현실은 보다 많은 사람들에게 불행과 괴로움을 감내하며 살아가도록 강요하고 있는 것이다.

행복이나 즐거움에 비해 괴로움의 고통은 보다 현실적인 감각을 지니고 있다. 요즘 고통받고 있는 이웃들, 괴로움을 전제로 선택된 사람들이라면 더욱 그럴 것이다. 부처님의 첫 깨달음의 선언도 그 괴로움에 대한 직시에서 나왔다.

태어남과 늙음과 병듦과 죽음의 네가지 고통이 보다 근원적인 괴로움의 요소이겠으나 중생들이 삶에 부대끼며 겪는 사랑하는 사람과 헤어져야 하는 고통(愛別離苦) 미워하는 사람과 만나야 하는 고통(怨憎會苦) 구하고자 하나 구해지지 않는 고통(求不得苦) 등등 괴로움 또한 하찮은 것일 리 없다.

괴로움과 고통의 감각이란 전혀 개인적 체험이며 자기만의 것이어서 남이 대신 아파줄 성질의 것이 아니다. 시정에 흔히 말로써 회자하는 "고통을 나누자"는 표어들이 정치적 용어처럼 공허해 보이는 것도 그 때문일 것이다.

하지만 부처님의 깨달음인 인연생기因緣生起의 법은 "고통은 모두에게 나누어질 수밖에 없다"는 점을 우리에게 보여준다. 연기의 법칙은 따뜻하기보다 냉담하다. 개인의 불행이나 즐거움 괴로움 모두가 스스로 만들어온 것이며, 남이 가져다주는 것이 아니다. 모두가 내가 지은 탓이다.

그러함에도 연기의 법은 또한 모든 존재가 오직 저 하나만으로 성립될 수 없으며 상대적으로 의존하고 영향을 미칠 수밖에 없는 중증의 구조로 짜여있다. 남이 아프면 나도 아플 수밖에 없고, 내가 아프면 남에게 그 아픈 영향을 미치지 않을 수 없다. 연기의 법은 부처님 탄생과도 무관하지 않다.

부처님의 탄생은 우연의 결과가 아니며 수억겁에 쌓인 정진과 선행으로 이루어졌다. 《자타카》는 그 엄청난 부처님 탄생 인연을 기록하고 있다. 부처님은 억겁 속에 반복되는 수많은 생을 통해 때로는 왕으로 때로는 상인, 수행자, 황금털을 가진 새, 토끼, 원숭이로도 태어나 보살행을 끝없이 펼쳐 보였다.

석가모니 부처님이 이 땅에 부처님으로 오시면서 "천상천하天上天下 유아독존唯我獨尊 삼계개고三界皆苦 아당안지我當安之"라는 탄생게를 내놓을 수 있었던 인연의 쌓임이 아닐 수 없다. 이 세상의 가장 존귀한 몸으로 태어나 삼계의 괴로움을 모두 씻어 없애겠다는 약속, 그것은 인간의 고통을 타력 아닌 인간 스스로 끊을 수 있는 길을 열어 주는 일이었다. 그래서 이 시대가 부처님 오시기 아주 좋은 때이다.

열반의 참뜻

청계사가 상조회 개념의 '열반회'를 결성했다. 여러 도반들의 운기와 동체대비심으로 생을 마감하면서 적정의 그 깊은 참뜻을 되새길 수 있도록 준비하자는 수행의 자세로 출발했다. 사람은 누구나 언젠가는 죽게 되어 있고 동서와 고금을 막론하고 당사자이건 가족의 입장에서든 죽음에 대해서는 각별한 의미로 받아들이고 있다.

 삶이 소중한 만큼 죽음에 대해서 불교적인 시각은 어떠했을까 짚어보자. 석가모니 부처님은 오른쪽 옆으로 누워서 열반에 드셨다. 그러나 스님들은 결가부좌를 한 채 입적하거나 나뭇가지를 잡은 채 입적하거나 물구나무선 채 입적하는 등 죽음이란 마지막을 특이하게 만들고 싶어 한다. 세계 여러 곳에서 볼 수 있는 스님들의 육신불이나 열반상 등이 그것이다.

 9세기 중국 당나라 때 보화普化 스님은 평소 방울을 흔들고 다니며 마을마다 가르침을 펴고 다녔는데 그의 입적 또한 특이하다. 그는 먼저 자신의 관을 만들고 이를 사람들에게 보여주며 "내일 동문 밖에서 죽겠다"고 선전했다. 다음날 사람들이 동문 밖으로 모여들었으나 그는 아직 청조靑鳥가 오지 않았다며 내일 남문 밖에서 죽을 것이라며 죽음을 연기했다. 그다음 날은 다시 서문, 또 그다음 날은 북문 식으로 연기를 하니 북문 때는 아무도 오지 않았다. 그러자 마침내 스님은 방울을 한참 동안 흔들고 관 속으로 들어가 스스로 뚜껑을 닫은 다음 입적했다.

중국에서 조동종을 개창한 동산양개東山良介 스님은 죽음의 문지방을 두 번이나 마음대로 드나들었다. 어느 날 삭발 목욕 후 가사 장삼을 갖추어 입고 대중들을 모아 법문을 한 뒤 작별 인사를 하고는 그 자리에서 열반에 들었다. 물론 결가부좌의 자세로….

청계사에서 출가한 근대 한국 선종의 중흥조 경허 스님의 뛰어난 제자 '세 달(月)'가운데 한 분인 수월 스님은 개울가 바위 위에 단정히 결가부좌한 채 몸에는 실오라기 하나 걸치지 않고 입던 옷 한 벌을 곱게 접어 짚신 한 켤레와 함께 머리에 이고 열반에 들었다. 16세기의 명기 황진이의 유언도 멋있다. "내 죽거든 관을 쓰지 말고 동문 밖 길가에 버려 개미와 까마귀와 솔개의 밥이 되게 해 천하 여인들로 하여 경계케 하라."

살았을 때의 그녀가 멋지게 보인 것은 이미 깨우친 것 같은 무상의 도 때문도 있어 보인다.

시체를 먼저 새나 벌레의 먹이가 되게 하는 것은 티베트나 라마교 국가에서 행해지는 조장, 또는 풍장에서 볼 수 있다. 티베트 조장의 경우 사람의 흔적을 깡그리 없애는 데 특징이 있다. 높은 산, 독수리들이 시신의 살점을 뜯어먹은 다음 남은 뼈는 망치로 잘게 부수어 릴가루를 섞어 반죽하고 그 반죽 덩어리를 다시 독수리에게 던져 주어 뼈까지 먹게 만든다. 삶이 무상하다는 부처님의 가르침은, 부질없고 패배주의적으로 살라는 것이 아니라 무상한 만큼 최선을 다해서 풍요롭게 살라는 뜻이다. 어떻게 죽는가를 생각하기 이전에 어떻게 잘 살지를 고민해야 할 것이다.

기도합시다

사람이 한 평생을 살아가면서 뜻하는 대로 되는 일이란 되지 않는 일보다 극히 적다고들 한다. 여기에는 여러 가지 인과가 있겠지만, 우선 드러난 것으로 우리 마음속에 갖가지 생각들 더 심하게 표현하면 욕심들로 꽉 차 있는데다, 말과 행동은 접어두고라도 남에게 비쳐지지 않은 채 마음속으로 지은 생각의 업들이 뜻을 펴고자 하는 우리들의 앞길을 가로막는데 어찌 순탄하게 인생이 풀리겠는가.

그렇지만 특별한 노력을 기울여서라도 반드시 이루어야 할 과제 즉 원願들이 많은 것이 또한 우리네 인생살이다. 그래서 항상 바라는 좋은 글귀로 '소원 성취하라'고 표현하는데, 그것은 그만큼 달성하기 쉽지만은 않음을 의미하기도 한다.

그 소원성취를 위해서 많은 길들이 있다. 우리는 부처님의 가르침을 믿고 따르면서 부처님과 같이 되고자 원을 세운 불자들이며, 이미 다행스럽게도 부처님께서 제시한 비법의 길을 알고 있다. 고통받는 중생을 하나도 남김없이 구제하겠다는 간절한 원력으로 이치를 손수 터득하고 우리들에게 가르쳐주신 것이다. 바로 '기도'이다.

기도를 할 때 제일 중요한 요소가 철석같은 믿음이다. 반드시 기도가 성취된다고 하는 부처님에 대한 확고부동한 믿음이다. 이는 아주 당연하지만, 뼛속 깊이 실천하고 있는가 자문할 때 쉽게 답해지지 않는다. 그만큼 쉽지 않다는 것이다. 기도는 부처님의 위신력으로 반드시 성취된다고 하는 확고한 믿음으로 출발해야 한다.

그리고 간절한 마음을 기울여야 한다. 즉 신심을 다 바치라는 뜻이다. "신심은 도의 근원이자 공덕의 어머니"라고 하는 말씀은 귀가 닳도록 많이 들었을 것이다. 부처님의 자비광명은 언제 어디서나 중생들의 지극한 정성과 함께 하기 때문이다. 꾀를 부리고 요행수를 바라는 기도는 애초부터 성취되지 않는다고 생각해야 한다.

또한 간과해서는 안 될 기도의 관문은 깨달음을 향해 나아가는 수행과 성찰의 과정이라는 것이다. 우리 모두가 본래 갖추어져 있는 불성을 회복하기 위해 스스로 마음을 맑게 하는 것 또한 기도의 단계이다. 그것은 먼저 스스로의 잘못을 참회하는 데서 출발하는 것이 바람직하다. 기도를 하기 위해서는 마음과 몸을 청정히 하고 실생활 속에서 독경과 염불 또는 절을 하거나 정근을 하며, 공양 감사 보은행을 실천해야 한다. 그리고 이런 노력과 결실에 대해 자신의 공덕으로 삼지 않고 주변 사람들의 괴로움을 덜어주고 즐거움을 얻게 해 나도 행복해지도록 하는 절차, 즉 회향해야 한다.

　기도가 성취되고 안 되고는 자기 자신에게 달려있다. 조금 기도를 하고서 바라던 바가 이루어지지 않는다고 그만두거나 누구를 원망해서는 안 된다. 그리고 나 자신이야말로 그대로 부처임을 늘 자각해야 한다. 진리의 자비에는 대립이 없음을 깨달아 너와 내가 한날한시에 불도를 이루겠다는 자타일시성불도自他一時成佛道의 자세로 기도에 임해야 한다.

은사 월산 조실스님을 모시고

예정에 없던 길

"사회에 첫발을 내딛는다"며 희망에 부풀었던 젊은이들이 경제 한파라는 냉혹한 현실을 호되게 경험하고 있다. 이미 지난 2월 졸업했거나 오는 8월 가을 졸업을 앞둔 대학 졸업생들 중 일자리가 정해진 경우는 불과 20%를 웃돌고 있을 뿐이라고 한다. 올해는 취업 시장이 좀 나을 것으로 전망 되었지만 실제로는 지난해와 별 차이가 없다는 것이다. "구직 원서를 수십 군데에 보내도 답이 없다"고 졸업생들은 한숨이다.

이런 현상은 우리나라만이 아니다. 글로벌 경제는 불경기도 글로벌, 실직도 글로벌로 만든다. 세계 각국의 젊은이들이 우리와 비슷하게 취업난에 허덕이고 있다. 발을 내딛고 싶은 사회로부터 '너는 필요 없다'는 메시지를 계속 받는다면 이제 막 오른 새순과도 같은 젊은이들은 잎도 꽃도 채 피우기도 전에 무척 고민하게 된다. 정해진 직장은 없고, 어느 길로 가야 할지도 모르겠고…, 불투명한 미래 앞에서 '절박함' '불안함' '표류하는 느낌'으로 깊은 좌절감에 빠질 수가 있다. 졸업하고도 취직이 안 돼서 여전히 용돈을 달라고 손 벌리는 자녀에게 부모 등 가족들이 좀 따뜻하게 대해줘야 하는 이유이다.

직업職業은 단어가 갖는 의미 그대로 개개인의 업業과도 무관치 않다. 시간상으로 보면 직업은 인생의 많은 부분을 쏟아야 하는, 그래서 이미 지은 전생의 과보와 함께 내생의 응보를 결정할 금생의 인과를 짓게 되는 시간을 의미한다.

따라서 직업은 우리 삶에서 그 어떤 일보다도 쉽게 단정 지어서는 안 되는 인생의 부분이다. 어떤 측면에서 보면, 졸업해서 취직으로 바로 연결되는 고속도로가 반드시 좋은 것은 아니다. 그 연결점을 찾지 못해 갓길을 헤매고 허허벌판을 맴도는 경험이 반드시 나쁜 것은 아니다. 그 예정에 없던, 그래서 막막했던 길들이 신비롭게도 새 길로 이어지면서 자신의 길을 찾게 되는 경우는 많이 있다.

인생에서 항상 햇볕이 쨍쨍할 수는 없다. 햇볕만 내리쬔다면 그건 사막이 아닌가. 내가 아는 어느 불교계 기자는 대학 졸업 후 언론인이 되고 싶어 사회적 통념대로 방송국 일간지 등 곳곳에 응모했지만 뜻대로 취직이 되지 않았고, 좌절감에 빠졌던 이듬해 때마침 공채했던 불교계 언론사에 응시해 채용됐다. 일반 언론사보다 급여나 복지후생 면에서 열악해 고민했던 시절도 있었다. 하지만 오랜 경력을 쌓은 지금 그는 불교 언론인의 길이 결과적으로 무한의 복이었다고 말한다. 직업에서 얻는 눈에 보이지 않는 가치를 스스로 찾았고, 그 안에서 성취감과 즐거움을 맛보았다는 것이다.

세월이 지나고 보면 이렇게 확실한 길도 처음부터 확실했던 것은 아니었다. 한 모퉁이를 돌아서면 훤히 보이는 길이 모퉁이 직전까지 감도 잡을 수 없는 경우가 대부분이다. 땅 위의 길도 그렇고 인생의 길도 그렇다. 참선수행의 근본처럼 어떤 상황이라도 처해있는 그 순간이 소중한 삶임을 인식하고 최선을 다할 뿐이다.

스물다섯 가지 후회

최근 제목이 흥미로워 읽은 책이 있다. 《죽을 때 후회하는 스물다섯 가지》라는 책이다. 이 책은 일본의 호스피스 전문의사가 1,000명의 말기 환자들의 죽음을 지켜보며 그들과 나눈 솔직한 대화를 기억하고 기록하여 한 인생의 후회와 깨달음들을 한 권의 책으로 엮어낸 것이다.

자신의 생명이 얼마 남지 않은 사실을 알고 그 죽음을 기다리는 그들 대부분은 '후회'를 한다. 가장 잦았다는 스물다섯 가지 후회 중에는 이런 것들이 있었다. "진짜 하고 싶은 일을 했더라면" "꿈을 꾸고 그 꿈을 이루려고 노력했더라면" "가고 싶은 곳으로 여행을 떠났더라면" "사랑하는 사람에게 고맙다는 말을 많이 했더라면" "조금만 더 겸손하고 친절을 베풀었더라면" "만나고 싶은 사람을 만났더라면" "내가 살아온 증거를 남겨두었더라면" "죽도록 일만하지 않았더라면" "삶과 죽음을 진지하게 생각했더라면" "맛있는 음식을 많이 맛보았더라면"… 등등이다.

　결국 해야 할 것을 하지 않았거나 혹은 하지 말아야 할 것을 한 것에 대한 후회들이다. 더 자세히는 그들이 아쉬워하는 결과를 만들어낸 행동에 대한, 더 정확히는 그 행동을 이끌어낸 선택에 대한 후회의 기록이다. 결국 그들의 후회는 자신들이 과거에 했던 선택에 대한 후회의 기록이다. 또한 그들의 후회는 자신들이 과거에 했던 선택의 결과로 얻게 된 현재의 많은 상황으로 확증되고 있었던 셈이다.

　어떤 이유와 핑계로든 우리는 응당 해야 할 선택을 하지 못할 때가 많다. 참 애석하게도 좋은 선택을 하려할 때 유독 더 많은 방해물을 만나기도 한다. 후회가 남을 만한 결정을 하고도 언제든 바로잡으면 된다고 쉽게 생각하고, 또 그것을 위한 충분한 시간이 남았다고 스스로를 안심시킨다. 물론 많은 일들이 그렇다. 하지만 아쉽게도 시간은 바로 어제의 실수로도 되돌릴 만한 여유를 주지 않을 때가 많다.

　사람은 누구나 언젠가는 죽는다는 것을 다만 알고 있을 뿐 그것을 인식하고 의식하고 살아가는 사람은 많지 않다. 우리가 죽을 때 거창한 목표를 이루지 못해 후회하는 게 아니라 바쁜 일상에서 잊고 살았던, 혹은 소홀하게 생각했거나 '나중에' '다음에' 하고 생각했던 것들 때문에 가슴 아파하고 후회하는 것이다. 그래서 우리가 익히 알면서도 행하지 못하는 소소한 일상의 순간을 충실하게 살아야 한다.

책의 저자도 "사람들은 떠날 때, 특별한 후회나 거창한 과업 때문에 눈을 감지 못하는 게 아니라 바쁜 일상에서 잊고 살았던 아주 작은 삶의 진실 때문에 아파한다"고 말한다. 뭔가 하고 싶은 일이 있다면 지금 이 순간 즉시 시작하는 것이다. 그리고 충실하게 최선을 다하는 것이다. 이것이 바로 일상생활에서 선禪 수행을 실천하는 것이다.

무소유

옛날 돈만 아는 어느 부자 노랭이 영감이 있었다. 그 노인은 어찌나 인색했는지 반찬도 없이 밥을 먹었다. 그러다가 어느 날은 조기를 사다가 먹게 되었는데 모처럼 생선 맛을 보니 밥과 생선이 금방 없어져버렸다. 그래서 다음부터는 그 조기를 천장에 매달아놓고 쳐다만 보고 밥을 먹기로 했다.

그러나 밥 한 번 먹고 천장의 조기 한 번 쳐다보고 또 밥 한 번 먹고 천장의 조기 한 번 쳐다보려니 귀찮았다. 그래서 며느리에게 자기가 밥을 먹을 때마다 "조기" 하라고 했다. "조기" 하는 소리를 반찬 삼아 밥을 먹겠다는 것이었다. 그러나 며느리도 시아버지가 밥을 먹을 때마다 "조기" 하기가 귀찮아서 "조기 조기" 하고 다음 먹을 것까지 연거푸 말해버렸다.

그러자 시아버지는 며느리에게 "아이구! 야야, 짜다" 하고 말했다. 그렇게 돈만 아는 노인이 죽으면서 유언을 했다. 자기가 죽으면 관 양쪽에 구멍을 뚫어 양팔을 내놓고 상여를 내가라고. 상여가 나가는 날 노랭이 영감의 죽은 손이 관 양쪽에서 흔들거리며 공동묘지를 향하고 있었다. 마을 사람들은 그 뜻을 몰라 여러 사람들에게 물어보았으나 아무도 그 뜻을 가르쳐주는 사람이 없었다. 그때 한 스님이 지나가면서 "인생은 빈손으로 왔다가 빈손으로 가는 것"이라고 말했다.

공수래공수거空手來空手去. 이 세상에 태어날 때 사람은 누구나 빈손 쥐고 나온 아름다운 모습처럼 갈 때도 빈손으로 간다는 것을 비유한 이야기다. 존재라는 것은 육안으로는 있는 것처럼 보이지만 지식이 아닌 '지혜의 눈'으로 자세히 살펴보면 실체가 없는 물질적인 현상에 지나지 않는 것이다.

이 일체의 가정적 존재는 끊임없이 변화하며 그칠 줄을 모른다. 그것이 바로 모든 것은 끊임없이 변하는 제행무상諸行無常의 진리이기 때문이다. 무상無常은 공空의 사상을 근본으로 한다. 모든 사물은 공이고 무상이다. 무상이기 때문에 청정하게 되고 차별 대립의 모습을 초월한 무차별의 상태를 말한다. 무상하기 때문에 지위나 명예에 집착하는 탐욕을 버리고 오늘 하루의 소중한 생명을 방일함 없이 정진 노력하려는 정신적인 다짐이 생기게 된다.

《무소유》를 집필해서 불자들은 물론 일반인들에게까지 무소유의 삶을 일깨운 법정 스님이 최근 입적했다. 스님은 불필요한 것을 갖게 되면 처음의 그 순전한 마음에 욕심이 들어오게 되고 그 순간 탐욕으로 바뀌고 마는 속성에 경종을 울렸다. 모래를 손안에 넣고 꼭 쥐면 쥘수록 남는 것 없이 빠져나가듯이 소유에 대한 집착과 아집은 더 많은 것을 잃을 수도 있다.

법정 스님의 《무소유》는 '본래무일물本來無一物'이라는 불교 진리를 크게 대중화시켰다. 일찍이 육조혜능 스님은 "본래가 한 물건도 없다. 마음이니 몸이니 나누어 몸과 마음을 따로 얘기하고, 마음을 닦아야 한다고 하지만, 어디에 마음이 따로 있어 닦고 말고 할 것이 따로 있겠는가"라고 가르쳤다. 또한 임제 스님은 "구름 흐르나 하늘은 움직이지 않네. 배는 다녀도 언덕은 옮겨가지 않네. 본래 무일물 아무것도 없으니 어디에 기쁨과 슬픔이 있으랴"라고 할喝 했다.

사제 종광 스님과 함께(1968)

부처님 오신 달에 할 일

물건을 너무 쉽게 버리고 새로 사들이는 소비풍조가 문제인 이 시대에 그 반대인 사람들이 있다. 도무지 버리지를 못하는 사람들이다. 자주 사용하지도 않는 옷이며 신발, 가재도구 등 한 번 집안에 들어온 물건은 밖으로 내쳐지는 법이 없다. 처음 하나둘 모아들일 때는 사람이 주체이고 물건이 객체이지만, 물건의 양이 늘어나면 주객이 전도된다. 온갖 잡동사니들이 점령군처럼 집안을 차지한다.

사람의 생각에 이상이 생기면 이런 비극이 가능하다. 종이 한 장이라도 버리면 자기 인생 전체가 내다버려지는 듯 불안한 이런 증상을 의학적으로는 '저장강박장애'라고 부른다고 한다. 뇌의 한 부분이 기능을 하지 않아서 생기는 정신질환이라는 것이다. 하잘것없는 물건에 자리를 내어주고 주인인 '나'는 쫓겨나는 이런 아이러니는 그저 강박장애자들만의 문제만은 아니다.

부차적인 가치에 마음이 흘려서 진짜 중요한 가치를 잃고 마는 어리석음이 이른바 질병의 단계에서 정상에 속하는 보통의 사람들에게도 흔히 나타나고, 적어도 잠재되어 있음을 자기 스스로 발견하게 된다. 저장강박장애의 문제는 선택 능력 상실이다. 무엇이 중요하고 무엇이 덜 중요한지를 판단하는 우선순위 개념이 없어서 무엇이든 끌어안고 산다.

하지만 그렇게 모든 것을 부여잡고 살 수 없는 것이 인생이다. 인생은 매 순간 선택을 요구해서 무엇이 되었든 취해야만 하고, 결정하는 그 순간 이외 나머지는 놓을 수밖에 없는 구조이다. 따라서 삶에서 생기는 문제는 대부분 잘못된 선택의 결과이다. 가치의 우선순위에 혼선이 일어난 것이다.

많은 사람들이 추구하는 일이나 돈, 명예, 학벌 등 모두 중요하지만 사실상 부차적인 요소들이다. 인생에서 진정 의미있는 가치는 바로 내가 주인이 되어서 사는 데 있다. '천상천하天上天下 유아독존唯我獨尊'의 위치인 내가 주인이 되어야 하고 그렇게 되는 데 일이나 돈, 명예 등은 수단에 머물러야 한다.

이해득실과 시시비비 등을 따지게 되고 마침내 삿된 마음이 내 주인 자리를 차지하게 되기 때문이다. 어떤 경우에도 자신을 잃어버리지 말고 상황에 끄달리지 않고, 주체적인 인간으로 살면 무엇을 하든 그 하는 일과 있는 자리가 모두 진실한 진리의 삶이 된다. 그 어떤 일도 주체적 역할을 할 때 그 일은 곧 온전한 내 일이며 내 삶이다. 중국 임제종을 창종한 임제 스님은 저서 《임제록》에서 "수처작주隨處作主하면 입처개진立處皆眞이다"고 강조했다.

"그대들이 어디를 가나 주인이 된다면
서 있는 곳마다 그대로가 모두 참된 것이 된다.
어떤 경계가 다가온다 해도 끄달리지 않을 것이다.
설령 묵은 습기와 무간지옥에 들어갈
다섯 가지 죄업이 있다 하더라도
저절로 해탈의 큰 바다로 변할 것이다."

부처님오신날이 든 5월 한 달만이라도 진지하게 가치의 우선순위를 점검하는 시간으로 삼았으면 한다. 나도 모르는 사이에 엉뚱한 것에 주인 자리를 내주고 있는 것은 아닌지.

통도사에서 경봉 스님을 모시고

법주사에서 월산 조실스님을 모시고, 탄성·혜정 스님과 함께

은사 월산 조실스님을 모시고

가마솥 속의 콩

콩대를 태워서 콩을 삶으니
가마솥 속에 있는 콩이 우는구나
본디 같은 뿌리에서 태어났건만
어찌하여 이다지도 급히 삶아대는가

삼국지에 나오는 위魏나라 왕 조조의 셋째 아들 조식曹植이 읊은 시다. 조식은 글재주가 출중해 조조가 특별히 총애하던 아들이었다. 한때 맏아들을 제치고 후사를 잇게 할 생각도 했었다.

조조가 죽고 맏아들 조비曹丕가 왕위에 올랐지만 왕은 동생을 눈엣가시처럼 미워했다. 사사건건 트집을 잡던 왕은 어느 날 동생에게 엄명을 내렸다. "일곱 걸음을 걷는 사이 시를 한 수 지어라. 짓지 못하면 중벌을 내리겠다"고 했다. 그때 지은 시가 위의 시였다. 콩대를 땔감으로 태워 콩을 삶는데, 콩과 콩대는 본래 한 몸이었으니 하나가 둘로 나뉘어 지지고 볶는 형국이다. 형제나 동족 간의 싸움을 가리키는 말, 자두연기煮豆燃箕는 여기서 유래했다.

우리 민족의 동족상쟁, 자두연기의 역사가 끝이 보이지 않는다. 내칠 수도 없고 품을 수도 없는 북한 정권이 또다시 사고를 저질렀다. 이번에는 대형 사고다. 서해 북방한계선 부근에서 충돌이 없지는 않았지만 이번처럼 민간인들이 사는 동네로 포를 쏘아댄 것은 휴전 이후 처음이다.

천안함 사태에 이어 연평도 포격까지 북한의 잇단 도발에 대해 우리 정부는 물론 국제사회도 분노하고 있다. 여야가 하나가 되어 북한을 비난하고, "북한의 추가 도발 시 단호한 대응으로 북방한계선(NLL)과 영토를 수호할 것"이라는 강경 자세이다. 따라서 백령도와 연평도 등 서해 5도는 한반도 국지전 가능 1호 지역이나 다름없다. 나아가 국제사회가 한반도 전쟁발발에 대한 가능성을 더 심각하게 바라보는 것 같다.

한국의 가족, 친척들에게 안부를 물었다는 사람들도 있고, 인터넷으로 몇 시간씩 상황을 지켜보았다는 사람들도 있다. 그런가 하면 여행 심지어 문화교류 등 행사 일정을 취소하는 등 더욱 불안해한다. 반면 국민들의 반응은 둘로 나뉘어 보인다. 한편에서는 "남한이 단호하게 나가야 한다. 자꾸 봐주니까 북한이 계속 저러는 게 아니냐?"라는 반응이고 다른 한편에서는 "이명박 정부 들어서면서 남북관계가 경직된 게 원인이다. 긴장 완화 정책을 펴야 한다"는 반응이다. 일반인들뿐 아니라 정치권이나 남북문제 전문가들의 의견도 거기서 거기다. 별다른 해법이 없다.

강경하게 나가자니 전쟁 위험이 따르고, 온건하게 나가자니 북한을 믿을 수가 없다. 한반도에 긴장이 고조되는 사태는 누구도 원치 않으니 입으로는 비난하지만 현실적으로 할 수 있는 제재는 제한돼 있다. 이런 상황을 빤히 아는 북한은 이번에도 적반하장이다. 남쪽에서 먼저 발사했다는 주장이다. 북한의 도발과 후안무치한 적반하장이 언제까지 계속될지, 한 뿌리를 가진 동족이 언제까지 서로 태우고 삶아야 할지 가슴 아프고 답답한 노릇이다. 원효 스님께서 강조한 화해와 회통의 화쟁 사상이 절실한 현실이다.

우리 집 전통

유태인들에게는 절기가 유난히 많다. 우리의 음력과도 비슷한 유태인 달력으로 대개 9월에 시작되는 새해맞이 로시 하샤나, 곧 이어 속죄의 절기인 욤 키퍼, 그리고 나면 거의 매달 중요한 절기가 이어진다. 그 절기마다 정해진 의식을 행하면서 자손대대로 종교적 문화적 전통을 고수한 것이 2,000년 세월의 '디아스포라'를 버텨낸 힘이 되었다.

나라 없이 세계 각지에 흩어져 살던 유태인들을 하나로 묶어준 수평적 연대감, 그리고 그 민족을 자자손손 묶어준 수직적 연대감의 핵심은 전통이다. 전통으로 각인된 정체성이다. 수천 년 전의 사건들을 자손 대대로 전하며 의미를 되새겨온 전통이 바로 유태인들의 힘이었다. 유태인들이 소수민족으로서의 박해를 피하느라 이리저리 옮겨 다니다보니 널리 씨를 뿌린다는 의미의 '디아스포라(離散)'의 민족이 되었다면, 세계화 시대인

지금은 '가족 디아스포라' 시대다.

나나 내 가족이 어느 날 이민을 결심해서 이주자가 될 수도 있고, 반대로 이주자가 갑자기 내 가족이 될 수도 있는 사회가 된 것이다. 또 자녀가 더 나은 학교, 더 나은 직장을 찾도록 후원하다 보면 어느새 '디아스포라의 가족'이 된다. 글로벌 시대의 다문화사회로 급변해가고 있는 것이다.

2,000년 디아스포라를 버텨낸 유대인의 지혜처럼 그 어느 때보다 가족의 전통이 필요하다. 가족이 한 지붕 밑에 모여 사는 것은 대개 자녀가 대학 가기 전까지 17~18년. 그때까지 가족 간에 얼마나 돈독한 관계가 만들어졌느냐가 성년 자녀와 부모의 관계를 결정한다. 가족으로서 함께한 시간과 경험, 특히 정기적으로 반복되어서 가족의 전통이 된 경험들이 유대감의 뼈대가 된다.

내가 잘 아는 어느 치과병원장은 중국 음식점에만 가면 고향집 생각이 난다고 했다. 초중고 시절, 매주 일요일이면 친척 노인 중 한 분을 모시고 중국집에 가는 것이 그 가족의 '주말 행사', 즉 전통이었기 때문이다.

'우리 집에는 어떤 전통이 있는가' 생각해보자. 그리고 아직 없다면 하나쯤 만들 필요가 있다. 쉽게 지킬 수 있는 것일수록 좋겠다. 예를 들어 매주 토요일 식당에 가서 식사하기, 주말마다 도서관에 가기, 매년 같은 때 가족 휴가 가기 등…. 오랜 세월 반복되는 동안 그 경험들은 정신의 탯줄이 되어 가족을 하나로 묶어줄 것이다. 시간은 매 순간 흩어지고 사라진다. 의식에 각인되는 시간만이 기억으로 남는다.

전통은 시간에 의미를 부여해서 의식에 뿌리 내리게 한다. 연말을 시작으로 자녀들이 집으로 돌아오는 계절이다. 먼 바다에 나가있던 연어 떼가 모천으로 돌아오듯 학교 따라, 직장 따라 흩어져 사는 자녀들이 연말이면 부모를 찾아온다. 그들을 돌아오게 만드는 것은 가족으로서의 정체성, 끈끈한 가족 간의 연대감이다.

새해 첫 기적

경제가 어려워진 2~3년 전부터 주위에서 자주 듣는 말이 "로또만 당첨된다면…"이다. 자영업자든 직장인이든 매달 나가야 하는 경비는 정해져 있는데 수입은 줄어드니, 이리 막고 저리 막는 곡예를 하다보면 어느 순간 '로또만…' 하는 푸념이 나온다. 실제로 '로또 당첨' 아니면 헤어날 길이 없게 재정적 상황이 막막한 경우도 많이 있다.

목을 조이는 돈 문제에서 해방되기 위해, 돈방석에 앉아 돈 한번 마음껏 써봤으면 하는 마음에 사람들은 없는 돈을 털어 로또를 산다. '로또'는 행운, 고생 끝 행복 시작이라는 믿음 때문이다. 생텍쥐페리가 쓴 아름다운 책 《어린 왕자》에서 여우는 장미꽃을 애지중지하는 왕자에게 이런 말을 한다. "너의 장미꽃을 그토록 소중하게 만드는 건 그 꽃을 위해 네가 소비한 그 시간이란다." 시간과 정성을 쏟아부을 때 그 대상에 대한 사랑이 생기고, 그래서 소중하게 아끼는 일이 가능하다는 말이다.

돈도 마찬가지다. 장미꽃밭의 수많은 장미와 어린 왕자의 장미가 같지 않듯이 로또로 얻은 돈과 땀 흘려 얻은 돈은 같지 않다. 오랜 시간 안 먹고 안 쓰며 모은 돈이라야 소중해서 아끼게 되는데 로또의 '돈벼락'은 벼락일 뿐이다. 돈에 정서적 끈끈함이 담겨있지 않으니 물 쓰듯 쓰면서도 느낌이 없다.

불교 설화 중에 쌍둥이 자매 이야기가 있다. 암야천과 실상천이라는 여신들이다. 어느 날 예쁜 여인이 찾아와 하룻밤을 재워달라고 한다. 실상천이다. 집주인이 "누구시냐"고 물으니 여인은 재물, 부귀, 장수 같은 복을 갖다 주는 천신이라고 대답한다. 주인은 두말할 것도 없이 반가이 맞아들인다. 그런데 곧이어 추악한 생김새의 여인이 들어선다. 동생 암야천이다. 자신을 '재앙을 가져다주는 악신'이라고 소개하자 주인은 일언지하에 거절을 한다. 그러자 암야천이 말한다. "우리는 쌍둥이로 항상 붙어 다녀야 합니다. 그러니 천신이 있는 곳이면 나도 들어가야 합니다." 행운과 재앙, 횡재와 횡액은 손에 손을 잡고 다닌다는 이야기다.

그런 의미에서 '로또'는 예방 가능한 첫 번째 횡액이 된다. 각자 자기의 속도가 있다. 새해 첫 기적은 자기의 속도대로 가는 데서 생긴다. 바쁠수록 돌아가라고 했듯이 어려울수록 한걸음 한걸음 가자.

아름다운 2위

길을 가는데 5만 원짜리 지폐가 땅에 떨어져 있다면 보통 사람들은 어떻게 할까? 십중팔구는 집어들 것이다. 5만 원, 그것도 주인 없는 돈을 그냥 지나치기는 현실적으로 어렵다. 만약 마이크로소프트의 빌 게이츠 회장이 사무실로 가던 도중 그 돈을 보았다면 어떻게 할까? '그냥 가야 한다'가 정답이다. '그렇게 돈 많은 사람이 무슨…?' 하는 욕심의 문제나 '그건 남의 돈인데…'라는 양심의 문제가 아니다. 걸음을 멈추고 몸을 구부려 돈을 집어 드는 4초 정도의 시간이 문제다. 게이츠의 자산이 무서운 속도로 불어나던 시절 어느 칼럼니스트가 내놓은 계산법이다.

마이크로소프트가 창업된 1975년부터 25년 동안 게이츠가 주말을 제외하고 매일 하루 14시간씩 일했다고 가정하면 그가 벌어들인 돈은 시간당 10억 원. 1초에 30만 원 꼴이 된다는 것이다. 그러니 5만 원 줍자고 4초를 허비하면 120만 원을 손해

보게 된다는 계산이다.

'부의 세계' 정상에서 요지부동이던 게이츠가 이제 산을 내려온다. 하산을 시작했다. 최근 뉴스에 따르면 억만장자 순위에서 그는 지난해에 이어 연속 2위를 기록했다. 그를 누르고 최고 부자가 된 멕시코 통신재벌 카를로스 슬림은 지난 한 해 동안 재산을 205억 달러나 불려 자산이 740억 달러가 되었다. 그런데 게이츠는 정반대로 향하고 있다. 자산을 불리는 대신 계속 덜어내 자선재단에 기부하고 있다.

그가 자선사업에 전념하겠다며 마이크로소프트 회장 자리에서 물러난 것은 3년 전이었다. 이후 그는 온 정력과 시간, 돈을 '빌&멜린다 게이츠 재단'에 쏟고 있다. 이미 부의 1/3 이상이 재단으로 들어갔고, 궁극적으로는 전 재산의 95% 이상을 기부할 계획이라고 한다. 그의 관심은 두 분야다. 세계에서 가장 가난한 나라의 보건위생과 발전, 그리고 미국의 교육 개선이다.

그가 여러 경로로 한 말들을 참고하면 그의 이런 결정은 공평함과 상관이 있다. 현실에서 만인은 평등하지 않으며 세상은 공평하지 않다는 통찰이다. 예를 들어 그가 미국이 아니라 아프리카 후진국에서 태어났다면, 사립 고등학교에 다니지 못했다면 오늘의 자신이 가능했을까, 불우한 환경 때문에 잠재력을 키울 수 없는 아이들이 세상에는 얼마나 많은가 하는 지적들이다. 그러니 많은 것을 얻었을수록 그만큼 많이 나눌 의무가 있

향곡·서옹 스님과 함께 월산 조실스님을 모시고(1974)

다는 것이 그의 철학이다.

세상에는 노력만으로 도달할 수 없는 경지가 있다. 비범함이 따라야 한다. 천재적 재능과 피나는 노력, 그리고 운(기회)이 비범의 기본 조건이 된다. 모든 비범함은 아름다움이다. 게이츠 역시 그들 비범한 인물 중 하나이지만 그에게는 다른 인물들과 구분되는 한 가지가 더 있다. 성공과 소유에 매이지 않고 훌훌 털어내는 영혼의 자유로움, 그 정신의 비범함이다.

《화엄경》에는 이렇게 가르친다.

"나무는 꽃을 버려야 열매를 맺고,
강물은 강을 버려야 바다에 이른다."

억만장자 순위에서 게이츠는 앞으로 3위, 4위, 10위… 계속 밀려날 것이다. 밀려나는 만큼 그에게는 아름다운 삶의 훈장이 될 것이다.

의식의 '전족'

 구글이 청소년 대상 국제 과학경연대회를 개최했다. 올해 처음 열린 대회에 전 세계 91개국에서 중고교생 1만여 명이 출전해 경쟁이 치열했다. 저마다 '과학 영재'인 이 학생들 중 최종 심사를 거쳐 세 명의 우승자가 뽑혔는데, 세 명 모두 여학생인 것이 싱싱한 화제가 되었다. 17~18세, 15~16세, 13~14세로 나뉜 세 그룹에서 모두 미국의 여학생들이 우승을 차지했다.
 '과학' 하면 당연히 '남자 분야'로 여겨지는 통념 혹은 현실 속에서 우승 트로피를 들고 활짝 웃는, 자신감 넘치는 소녀들의 모습은 과학계, 여성계, 그리고 대회를 주최한 구글에도 기분 좋은 충격이 되었다. 이런 결과에 대해 한 심사위원은 과학 분야에서 여성이 남성과 같거나 더 나은 능력을 발휘할 수 있다는 사실을 상기시켜주는 일례라고 말했다.
 연령별 우승과 함께 대회 최고우승자가 된 17세 소녀 쉬리 역시 과학은 남자들의 분야라는 말을 평생 들어왔기 때문에 개인적으로 놀랍다며 즐거워했다. 20세기 여권운동 이후, 전통적으로 남성들의 독무대였던 많은 분야에 여성들이 잠식해 들어갔지만 유독 여성의 진출이 더딘 곳이 있다. 바로 이공계, 소위 과학 기술 공학 분야이다. 이와 관련해 으레 "여자아이들은 본래 수학을 싫어해서" "여자는 언어능력이 더 낫고, 남자는 공간이해력이 더 나아서"라는 해석을 한다. 남성과 여성의 뇌 구조가 다르다는 말인데 이런 '다름'은 종종 '여성의 열등'으로 풀이되곤 했다.

지난 2005년 로렌스 서머스 당시 하버드 대학 총장의 발언이 대표적이다. 한 회의장에서 그는 이공계의 경우 명문대학 종신 교수직 등 최정상에 오른 여성이 드문 이유로 수학·과학에서 남성과 여성의 타고난 재능 차이를 한 요인으로 지적했다. 고도의 경지로 들어가면 능력이 조금만 떨어져도 엄청난 차이가 날 수 있기 때문이라는 주장인데, 그 파문이 엄청났다. 하버드 대학 여교수들은 물론 평소 그의 독단적 리더십에 불만이 있던 교수·동문들이 모두 반기를 들었고, 그 여파로 결국 그는 이듬해 총장직을 사임했다.

여성에 대한 가혹한 악습으로 중국의 전족纏足이 꼽힌다. 여아의 발을 천으로 꽁꽁 묶어 성인이 되어도 발이 10센티 정도 되게 만들던 가혹한 풍습이다. 단순히 묶는 게 아니라 엄지발

가락을 제외한 나머지 발가락 모두를 발바닥에 붙도록 구부려 뜨려 사슴 발처럼 작고 뾰족한 모양으로 만들었다. 이런 발을 요염함의 극치로 여기던 남성들의 성적 환상의 산물이었다.

  법적 제도적으로 남녀 불평등이 사라진 지금, 마지막 남은 것은 아마도 우리 의식 속의 장벽일 것이다. 의식의 '전족'이다. 여자라서 해야 되고, 해서는 안 되는 모든 것들로부터 벗어날 때가 되었다. 일찍이 부처님께서는 남녀 누구나 동등하게 불성을 지닌 존재라고 가르치셨다. 이는 남녀가 근본적으로 다를 것이 없다는 진리이다. '여자가 어떻게…'라는 의식에서 완전히 자유로운 소녀들의 모습은 얼마나 아름다운가.

홀가분해서 행복해

젊은 사람들이 바라보는 노년의 이미지는 그리 긍정적이지 않다. 육체적으로 쇠약해지고 사회적 역할이 축소되는 이 시기는 두려움으로 다가서기도 하고 먼 훗날의 일로 치부하고픈, 회피의 대상이 되기도 한다. 또 노인들이 지니고 있는 감정의 속살을 완전히 이해하지도 못하면서 막연히 행복하지 못할 것이라고 지레짐작을 하곤 한다.

하지만 노인들은 의외로 행복하다. 최근 실시된 한 조사 결과도 많은 노인들이 비록 이런저런 질병으로 고생하고 있지만 "현재 행복하다" 또 "지금 이승이 살기 좋은 곳이라고 생각한다"고 밝혔다. 행복을 느끼고 있는 이유는 장수와 건강, 신앙생활, 가족 등 다양했다.

그러나 재산과 지위를 꼽은 사람은 극히 소수였다. 어느 정도 수준만 넘어서면 돈은 행복에 별다른 영향을 미치지 않는다는 것이다. 그것은 행복에는 건강과 경제력 같은 외형적 조건을 뛰어넘는 어떤 요소들이 작용하고 있음을 암시한다. 인간의 행복감은 인생의 시기에 따라 U자형을 그린다. 거칠 것 없고 희망에 부푼 청년 시절 최고점에 달한 행복감은 현실의 벽에 부딪히고 삶에 찌들어 가면서 서서히 낮아져 중년기에 저점에 도달한다. 자식들과 부모 양쪽으로부터 치여 샌드위치 신세가 되는 바로 그 시기다.

하지만 놀라운 것은 행복감이 점차 회복되기 시작해 노년기에 들어서면 젊은 시절과 비슷한 수준의 행복감에 다시 도달한다는 사실이다. 그러나 노년에 찾아오는 이런 행복감은 무궁무진해 보이는 미래에 대한 희망과 설렘이 던져주는 젊은 시절의 행복감과는 결이 다르다. 세월과 기회를 많이 쥐고 있다는 데서 오는 포만감이 아니라 아직 남아 있는 작은 것의 소중함을 절실히 깨닫는 데서 오는 자족과 감사이다.

부처님 가르침대로 이 세상에 영원한 것이 없어 이승에서의 시간이 한정돼 있다는 사실은 그것을 더욱 소중하게 만든다. 시간의 한계에 대한 깨달음은 흔히 젊은 시절 잊고 지냈던 집중성과 강렬성을 되살려 주며 그것은 노년의 또 다른 선물이 된다. 그러나 유한성에 대한 각성만으로 노년의 행복감을 설명하기에는 무언가 부족하다.

여기에 더해 풍상을 겪고 단련되면서 얻는 지혜를 꼽지 않을 수 없다. 야망이 소멸한 자리에는 관조와 받아들임이 들어선다. 자녀 양육과 부모 부양 등 사회적 책무를 벗어 던지고 다른 이의 시선으로부터 한결 자유로워진 그 상황이 선사해주는 편안한 감정이 바로 홀가분함일 것이다.

노년의 행복은 한마디로 이런 홀가분함에서 비롯된 것이 아닐까 싶다. 경남 통영에 있는 《토지》의 작가 박경리 선생의 묘소에 가면 이런 시구가 새겨져 있다.

모진 세월 가고
아아 편안하다
늙어서 이리 편안한 것을
버리고 갈 것만 남아서 참 홀가분하다

박경리 선생에게 편안함을 안겨준 감정과 지혜가 노년의 전유물만 되어야 할 까닭은 없다.

병든 사회의 거울

아이들의 고통을 함께하고 재발을 막으려는 진정성이 조금이라도 있다면, 우리는 먼저 이 사회, 학교, 가정 속에 뿌리깊이 내재된 병폐를 돌아보고 치유해야 한다. 인성 교육은 허울 좋은 껍데기일 뿐 우리의 의식은 여전히 학벌 만능주의에 머물러있다. 인생의 행복은 성적순이고, 무한 경쟁 속으로 아이들을 몰아가며 끊임없이 등급을 매기는 것이 또한 현실이다.

이런 세속에서 아이들이 설 곳은 점차 사라지고 있다. 병들어가는 아이들은 그 아이들의 문제이기 이전에 병든 사회의 거울이고 결과일 뿐이다. 이 불편한 진실을 어떻게 마주할지에 우리 아이들의 미래와 행복이 달려있다.

〈칠불통계게七佛通戒偈〉를 새길 때 《사분율四分律》 제1분 〈사분율비구계본四分律比丘戒本〉에는 불교의 도덕 교육이 설해져있다. 이른바 칠불통계七佛通戒의 내용이다. 석가모니 부처님을 포함해서 지난 세상에 출현했던 일곱 부처님 비바시불毘婆尸佛·시기불尸棄佛·비사부불毘舍浮佛·구류손불拘留孫佛·구나함불拘那含佛·가섭불迦葉佛이 설하신 공통된 가르침을 뜻한다. 가장 간단하게 압축된 진리로 다음과 같다.

일체 악을 짓지 말고
마땅히 모든 선을 받들어 행하라
스스로 그 의지와 마음을 깨끗하게 하는 것
이것이 곧 모든 부처님의 가르침이다
一切惡莫作 當奉行諸善
自淨其志意 是則諸佛敎

이 명쾌한 가르침을 새해에는 우리 아이들뿐만 아니라 기성세대 모두에게 일깨워주었으면 좋겠다. 며칠이든 몇 시간이라도 세속을 떠나서 자신의 마음을 정화하고 산란하게 하는 모든 행동을 피하게 하는 체험이다. 이와 함께 마음 씀씀이와 행동으로 축적된 업의 힘에 대해서도 설명되어야 한다. 악으로 지어지는 악업 즉 불선업不善業이 얼마나 큰 과보를 가져다주는가 하는 것이다. 따라서 수행으로 열반을 성취할 수 있지만, 불선업을 지어서 돌아오는 업의 과보는 부처님께서도 어찌하지 못한다는 것을 일깨워주는 것이다.

윤리, 입시 교육에 뒷전

도덕 윤리 교육은 입시 교육에 밀려나고 훈육을 맡을 어른들은 일터로 밀려났다. 그 틈새를 타고 남을 괴롭히는 못된 아이들도, 괴롭힘에 죽어가는 가엾은 아이들이 생겨나고 있다. 우리는 무엇을 위해 이렇게 고단하게 일을 하고 있고, 아이들을 등 떠밀어 공부시키는 것일까. 아이들의 행복이 목적이라면 근본적으로 뭔가 바뀌어야 한다.

새해에는 가정도, 국가도 아이들이 행복한 세상을 최우선 가치로 삼기를 간절하게 기원한다.

황간 반야사에서

멸종 위기 '개천의 용'

중국 황하黃河의 상류로 올라가면 용문龍門이라는 급류 지역이 있다고 한다. 골짜기의 물이 너무 거세어서 웬만한 물고기는 거슬러 올라갈 엄두를 내지 못한다. 그런데 아주 드물게 물고기가 그 가파른 용문을 거슬러 올라가면 그 순간 용으로 변한다는 전설이 있다. 바로 등용문登龍門이다.

  험난한 과정을 이겨내고 기어이 목표를 달성하는 삶, 입신출세의 의미로 보통 쓰인다. 아무나 할 수 있는 일이 아닌 만큼 '등용문'의 주인공은 존경의 대상이 되곤 한다. 그런데 만약 물고기가 용문 근처에서 나고 자라 그곳 물살에 익숙하다면 어떨까. 부모로부터 노하우를 전수받고 물살을 헤쳐나갈 특수 모터까지 물려받는다면 그들의 '등용문'은 어떨까. 저 아래에 개천에서부터 숨 가쁘게 올라온 미꾸라지들과는 비교가 되지 않을 것이다.

하류에서부터 상류까지의 긴 여정을 태생적 특혜로 면제받고 출세의 사다리 꼭대기에서 인생을 시작하는 부류, 그들 상위 1%, 혹은 10%는 세대가 바뀌어도 계속 상류층이고, 하위 10% 혹은 20%는 계속 하류층으로 남는다는 보고서들이 나오고 있다. 부모가 부자이면 자식들도 부자가 된다는 말이다.

누구든지 노력만 하면 성공에 이를 수 있다는 '평등'의 사회적 논리가 더 이상 작동하지 않는다는 비관론이 고개를 들고 있다. 자유 민주주의로 앞서간다는 미국도 크게 다르지 않다. 흑인 마틴 루터 킹(Martin Luther King, 1929~1968) 박사는 "나에게는 꿈이 있습니다"라는 유명한 연설을 했다. "언젠가는 이 나라가 모든 인간은 평등하게 태어났다는 것을 자명한 진실로 받아들이고" "나의 네 자녀들이 피부색이 아니라 인격에 따라 평가받는" 그래서 "백인 어린이가 흑인 어린이와 형제자매처럼 손을 잡게 되는" 그런 날들에 대한 꿈이었다.

그로부터 50년, 그의 꿈은 실현되었다고 봐도 좋을 것이다. 흑인이 백악관을 차지할 만큼 미국 사회는 진화했다. 하지만 지금 인종 대신 다른 장벽이 들어섰다. '소득'이다. 백인 어린이와 흑인 어린이는 손을 잡지만, 부유층 어린이와 빈민층 어린이가 손을 잡을 기회는 거의 없다. 나서 죽을 때까지 옷깃 한번 스치지 않을 가능성이 높다. 소득이 주거지를 결정하기 때문이다.

주거지역은 교육 환경으로 직결되고 그래서 어려서부터 비숱한 소득계층끼리 같이 공부하고 같이 대학에 가면서 자연스럽게 계층은 굳어진다. 부의 대물림, 가난의 대물림을 깊게 하는 대표적 요인은 교육이다. 빈곤층일수록 교육열이 낮으며, 학교 교육의 질이 떨어져서 빈부 간 학력 차이는 날로 벌어지고 있다.

학력은 소득 수준을 결정하는 결정적 요인이 된다. '개천에서 난 용'은 이제 멸종위기를 맞았다. 개천에서 절대로 용이 날 수 없는 사회는 문제가 있다. 불교의 여래장如來藏 사상은 '모든 인간은 동일하게 여래의 성품을 가지고 태어난다'는 진리를 일깨우고 있다. 한 걸음 더 나아가 여래의 종성種性이 있음을 굳게 믿는 것이 보다 중요하다고 지적한다. 여래장 사상은 소득의 장벽을 허물고 우리 사회를 하나로 합칠 열쇠이다.

과도한 걱정

우리 어머니들의 자식 사랑이 유별난 것에 대해 '헬리콥터 부모'라는 말이 있다. 과거에는 '어머니의 치맛바람'이란 용어로 표현되었던 자녀 과잉보호는 '마마보이'를 낳고 이제 시대적 현상이 되고 있다. 자녀 주위를 맴돌면서 하나부터 열까지 챙겨주는 부모, 소위 헬리콥터 부모가 늘고 있는 것이다.

과거에는 2대 독자, 3대 독자 등 외아들이 과보호의 대상이었다. 집안의 손을 염려하는 어른들 때문에 이런 아들들은 물가에도 못 가고 등산도 가지 못했다. 자녀가 하나 아니면 둘인 지금은 거의 외아들 아니면 외동딸이다. 과거 너덧 명에게 분산되던 부모의 관심이 한둘에 집중되니 과도한 관심은 산술적으로 필연이다.

과도한 관심이 과도한 걱정을 낳고 걱정이 과보호를 초래하곤 한다. 부모들을 '헬리콥터'로 만드는 원인 중의 하나로 경제적 불안을 꼽는 견해들이 많다. 날로 치열해지는 경쟁을 뚫고 자녀가 안정된 미래를 보장받으려면 결국은 교육, 명문대학 입학이라는 사고방식이다. 심지어 아이의 유치원 과정부터 '명문'을 따지며 아이의 학교 공부, 친구 관계, 특별 활동 등을 까다롭게 챙기는 부모들이 많다는 것이다. 아이가 한 발짝이라도 헛디디거나 잘못 디디는 일이 없도록 철저하게 감독하겠다는 태세이다.

이렇게 넘치는 보호 속에 자란 아이들은 건강할까? 이 아이들이 다른 학생들에 비해 독립심과 자신감, 성숙도가 떨어진다는 것은 상식에 가깝다. 소위 진취적 기상 같은 것은 이들에게서 기대하기 어려운 것으로 드러났다. 찬바람 한번 쐬지 않고 온실에서만 자란 결과이다.

과보호는 아이가 실수하고 실패할 자유를 박탈한다는 점에서 문제가 있다. 새가 날다가 떨어져 다칠까봐 아예 날개를 잘라버리는 것 같은 일이다. 중요한 것은 딱 알맞게 관심의 정도를 조절하는 것이다. 그것은 바로 부처님께서 성도한 직후 함께 고행을 했던 다섯 비구에게 가장 먼저 설교한 중도中道 정신을 늘 명심하는 것이다.

석가모니 부처님은 29세에 출가하여 35세에 깨달음을 얻어서 부처가 될 때까지 6년 동안을 대부분 가혹한 고행의 도를 닦았다. 그러나 그 고행도 몸을 괴롭히는 것일 뿐 참된 인생 문제의 해결책이 될 수 없었다. 출가 전에는 왕자로서 물질적으로 풍족하여 즐거움에 찬 생활을 보내고 있었으나 그러한 물질적 풍족함만으로는 구원을 받지 못한다는 것을 알고 있었다. 그리하여 석가모니는 출가 전의 향락도 출가 후의 고행도 모두 한편에 치우친 극단이라고 하였다. 이것을 버리고 고와 낙의 양면을 떠나서 심신心身의 조화를 얻는 중도에 설 때 비로소 진실한 깨달음의 도가 있다는 것을 스스로 체험에 의해서 자각한 것이다.

아이가 성년이 되면 부모는 해주고 싶어도 참는 연습이 필요하다. 같은 길이라도 남이 운전한 길은 몇 번을 가도 모른다. 자신이 직접 운전을 해야 길을 익힌다. 부모가 자녀 인생길의 영원한 운전기사가 될 수 없다면 운전대를 제때 넘겨야 비로소 아이가 어른이 된다.

경전 공부

창간 10주년을 맞이하는 〈청계사보〉를 생각한다. 청계사는 천년고찰이며 한국 선불교의 중흥조 경허 스님께서 출가하신 의미 깊은 도량이다. 2002년 당시, 청계사에서 처음 신문을 발간하려 했던 것은 신문 매체가 가진 효능성 때문이었다. 오늘날에는 의왕시라는 신도시로 자리하고 있는 역사·지리적인 역량과 부처님 법을 배우고자 하는 신도들의 열정을 채워줄 수 있는 가장 좋은 방편이라고 생각했던 것이다.

강산도 변한다는 10년을 〈청계사보〉는 법의 보고로써 포교와 수행의 본분을 최대한 펴고자 노력해왔다. 특히 네 페이지의 월간 신문이라는 한계 상황에서도 신문에 담고자 했던 것은 부처님 법을 공부하고자 하는 신도들에게 도움을 주는 것이었다. 신문 속의 강원이 그것이다.

삼국시대에 절 안에 강당을 짓고 경학을 강설한 것이 강원의 시작이다. 그 당시는 강경의식 쪽으로 기울었고 그 대상도 스님들뿐만 아니라 재가 신도를 포함하고 있었다. 학제상 사미과沙彌科는 사집과四集科의 예비문으로서 율신의 법을 알도록 지도했다. 〈청계사보〉는 불국사 강주스님을 초빙해 초등과정의 사미과와 중등과정에 해당하는 사집과에서 가르치는 경들을 이해하기 쉽게 풀이해왔다.

기초가 되는 《초발심자경문初發心自警文》《치문경훈緇門警訓》《대혜서장大慧書狀》등을 강설했다. 이제 강원 교육에서 배움의 물꼬를 열었으니, 신도들은 사교과四敎科에서 배우는《금강경》《대승기신론》《능엄경》《원각경》《법화경》나아가 최고 학부인 대교과大敎科에서 이수하는《선문염송》《화엄경》을 계속해서 꾸준히 공부해나가기를 권한다.

이들 기본 경전은 이런저런 구절들을 발췌해서 짜여진 것을 읽는 것보다는 진득하게 처음부터 끝까지 읽어나가는 것이 좋다. 물론 처음에는 이해가 되지 않을 수 있다. 그러나 그 경을 보고 또 보면 어느새 그 한 자락 내용이 마음에 들어오기 시작한다. 심지어 불자들이 암송하다시피 하며 열심히 독송하는 《금강경》만 해도 그 내용을 수십 번 이상 봐야 부처님께서 무슨 가르침을 전하려 하셨는지 그 핵심을 깨닫게 된다. 또 그 한 권의 내용만 이해해도 많은 지혜를 얻을 수 있다.

중요한 것은 어떤 경을 보더라도 당초 어느 시대 어떤 분이

불국사 불국선원 동안거 결제 기념(1976)

하신 말씀인가를 기본 개념으로 염두하고 이해하는 것이 경을 바르게 익힐 수 있게 하는 비법이다. 불교 공부는 경전, 스승, 바른 도량이 갖추어질 때 비로소 진리를 배울 수 있다는 것을 마음에 두자.

12월에는 울창하던 잎과 꽃 열매를 다 내어주고 맨 가지로 서 있는 나목이 떠오른다. 한 해의 끝 혹은 한 인생의 끝에서 바라보는 우리 모습일 것이다. 그 모습이 지혜의 완성으로 올곧게 속내를 드러내도록 살아야 하지 않을까.

기본 경전을 펴들어 보자. 한 해 어느 때보다 분주하게 보내야 하는 세간 살림살이 이지만, 오히려 그 속에서 경전 공부를 시작하는 것으로 마무리하는 연말이 되었으면 한다.

인생의 유리병

한 철학 교수가 강의실에 빈 유리병을 들고 들어왔다. 교수는 유리병에 골프공을 가득 집어넣고는 학생들에게 물었다.

"병이 가득 찼는가?"

학생들은 그렇다고 대답했다. 교수는 이어 작은 조약돌들을 유리병에 부었다. 돌들이 골프공 사이사이의 빈 공간을 채웠다. 교수가 다시 물었다.

"병이 가득 찼는가?"

학생들은 그렇다고 대답했다. 그러자 이번에는 교수가 모래를 병에 쏟아 부었다. 골프공과 돌맹이로 가득 찬 것 같았던 유리병 구석구석으로 모래가 흘러 들어가 빈틈을 메웠다. 교수가 말했다.

"이 유리병이 바로 여러분의 인생이다. 골프공은 인생에서 가장 중요한 것, 조약돌은 그 다음 중요한 것 그리고 모래는 나머지 자잘한 것들이다. 유리병에 모래부터 채우면 골프공이나 조약돌은 들어갈 자리가 없다. 인생도 마찬가지다."

각자 인생에서 가장 중요한 것이 무엇인지 그 우선순위를 확실히 하라는 내용이다. 한정된 시간과 에너지를 부차적인 일들에 쏟다보면 삶은 계통을 잃고 정말 중요한 것들을 놓치는 어리석음을 범하게 된다는 말이다.

생각해보면 우리 모두는 근본적으로 '시한부' 인생이다. 남은 시간의 길이가 다를 뿐이다. 그런데 그 제한된 시간을 우리는 종종 자잘한 일들로 낭비한다. 취향이 다른 것들을 두고 싸우느라 소중한 사람들과의 관계를 망치는 것이 사실은 우리의 흔한 모습이다.

인생의 유리병을 허접 쓰레기로 채우는 결과이다. 한 발 떨어져서 보면 이렇게 분명한 잘못을 우리가 반복하는 것은 다름 아닌 탐진치貪瞋癡, 탐욕과 분노와 어리석음 때문일 것이다. 인생에도 파레토 법칙(Pareto principle)을 적용해볼 필요가 있다. 20세기 초 이탈리아의 경제학자 빌프레도 파레토(Vilfredo Pareto, 1848~1923)는 이탈리아에서 20%의 부자들이 80%의 부를 차지하고 있다며 부의 불공정한 분배를 지적했다.

여기서 80:20 법칙이 유래한 후 거의 모든 사례에 단골로 적용이 된다. 예를 들어 어느 가게의 매상의 80%는 20%의 단골에게서 나오고, 직장 내 우수 인력 20%가 업무의 80%를 수행

한다는 식이다. 인생에서도 가장 소중한 20%에 시간과 에너지의 80%를 쏟는 것이 잘 사는 비결일 것이다.

내 인생의 '골프공'을 찾아야 하겠다. 그게 없으면, 그걸 망치면 내 인생의 의미가 사라지는 그것은 무엇인가. 가족, 건강, 친구가 우선 꼽힌다. 생의 여정을 동행하는 인연만큼 소중한 것은 없다. 생을 이어갈 건강만큼 필수적인 것도 없다. 소중한 것의 소중함을 아는 것이 지혜이다.

세밑은 한 해의 끝이자 인생의 끝을 생각해보는 시점이다. 갖지 못한 것, 이루지 못한 것에 연연하느라 가진 것의 소중함을 잊지는 않았는가. 소유에 집착하느라 존재를 등한시하지는 않았는가 돌아보아야 하는 시간이다.

가진 것은 없어도 우리에게는 사랑하는 가족, 친지, 이웃이 있다. 그들이 있어 우리는 살아간다. 앞으로 남은 며칠, 그들에 대한 감사와 사랑의 표현으로 한 해를 마무리했으면 한다.

경계를 넘어

　대한민국 헌정사상 최초로 여성 대통령 시대를 여는 첫 해, 2013년 계사년 새 아침이 밝았다. 아시아 어느 나라보다도 처음으로 여성 대통령을 선출하면서 새해 시작과 함께 '여성 리더십 시대를 맞게 되었다. 모성의 따뜻한 가슴으로 갈등을 털어내고 고통을 이겨냄으로써 신명나는 공동사회를 열어가기를 기대한다.

　세계사 최초로 만민평등 사상을 일깨운 분이 부처님이시다. 부처님의 가르침은 인간의 운명이란 각자 행하기 나름이고 모든 사람은 평등하다는 업業(까르마) 사상이다. 실제 부처님의 일깨움은 당시 인도에서 평소 수드라, 바이샤와 연결된 모계혈통 때문에 열등감을 느끼던 마우리아제국 3세손 아소카를 크게 고무시켰으며, 하나의 인도 건설을 뒷받침하는 통치이념이 되었다. 아소카 치하에서는 법 적용에 차별이 없었다.

반면 세계사를 주도해온 서양철학의 근간을 이루는 아리스토텔레스는 노예제도를 지지했다. 시민 혹은 자유인이 시민으로써 중요한 역할을 수행하려면 그들을 대신해 육체노동을 할 사람이 필요하고, 사람들 중에는 육체노동에 더 적합하게 태어난 사람들이 있다는 논리다. 타고난 노예가 있다고 그는 믿었다. 선천적인 노예가 있고, 사회가 노예를 필요로 한다면 노예를 쓰는 것이 자연스럽다는 논리다.

인간의 자유와 존엄성을 믿으면서도 노예제도를 인정한 수많은 사람들이 이런 논리에 의존했을 것이다. '노예' 대신 '여성'을 대입해도 논리는 같다. 남성들이 국가를 이끌고 사회를 이끄는 막중한 역할을 감당하려면 그들을 대신해 집안을 보살필 사람이 필요하고, 사람들 중에는 육아와 요리 등 집안일에 더 적합하게 태어난 사람들이 있으니 그들이 바로 여성이라는 것이다.

성인 여성의 가장 중요한 정체성이 '안사람'이었던 배경에는 이런 사고방식이 있었다. 여성은 집안에서, 남편의 그늘에서 사는 것이 가장 큰 행복이라고 믿어졌던 것이다. 문제는 '노예'든 '여성'이든 그들에 맡겨진 역할이 선택이 아니었다는 사실이다. 자유의지로 택한 것이 아니라 사회적 관습이나 제도에 따라 강요되었다는 것이 문제이다. 차별의 역사이다.

그런데 가부장 전통과 함께 수천 년 여성을 둘러싸고 있던 벽들이 계속 무너지고 있다. 참정권에서부터 교육 취업 승진 등

차별의 벽들이 하나하나 무너지더니 이제는 여성들이 안 가는 데도 못 가는 데도 없다. 금녀의 영역이었던 각 전문분야마다 여성들이 속속 진출해 있고, 여성 대통령이나 총리는 여성이어서 오히려 더 환영받는 분위기다. 심지어 군부대에서조차 여군에 대한 벽이 무너지고 있다고 한다. 해외 토픽에서는 미국 국방부가 전투지휘관을 비롯한 모든 전투병과 보직을 여군에게 개방한다고 발표했다.

벽은 '보호'이자 '차단'이다. 외부의 거친 환경으로부터 보호막 역할을 하는 한편 외부 세계가 펼쳐낼 모험과 가능성을 차단하는 역할을 한다. 이슬람교 여성들이 집 밖에서 얼굴이나 가슴을 가리기 위해 머리에 '히잡'이라고 하는 가리개를 쓰는 것이 여성을 보호하기 위해서라고 한다. 또, 여군을 포병, 보병, 기갑 특수작전 등 전투병과에서 제외한 것은 기본적으로 '보호'의 의미였을 것이다. 상대적으로 체력이 약한 여성에 대한 배려로 이해가 된다. 군 지휘부가 남성 일색의 전통을 이어온 데는 이런 배경도 한몫을 했다.

전쟁터만큼이나 '금녀의 영역'이었던 곳으로 병원 외과가 꼽힌다. 전쟁터처럼 피 튀기는 곳이어서 오랫동안 남성의 독무대였다. 최근 외과의 '금녀 벽'이 허물어지고 있다고 한다. 한번 수술실에 들어가면 꼬박 5~6시간씩 서서 수술해야 하는 체력적 부담 때문에 여성은 할 수 없는 일로 여겨졌는데 이제는 외과의사 중 여성이 10% 정도를 차지한다는 것이다. 이런 변화를 가능하게 한 것은 두 가지라고 본다. 여성 스스로가 보인 능력, 그리고 여성에 대한 인식 변화이다. 여의사에 대해 못 미더워하던 환자들이 이제는 여성의사들의 섬세함과 꼼꼼함을 오히려 더 좋아한다고 한다.

만약 600여 년 전에 '양반-상놈'의 신분제도 폐지를 외치면 감옥에 집어넣었을 것이다. 또, 100년 전에 여자에게 투표권을 주자고 하면 미친 사람 취급을 받았을 것이다. 단기적으로 보면 불가능해 보여도 장기적으로 보면 사회는 계속 발전한다. '발전'은 사회 곳곳의 불공평한 벽과 경계를 허물어가는 것, 그래서 인류가 인종과 성별을 넘어 평등에 이르는 것을 말한다.

뱀의 해이다. 뱀은 주의를 살피며 앞으로 나아가는 주의 깊은 동물로 인식된다. 또 뱀은 겨울잠에서 깨어날 때마다 허물을 벗으며 성장하는데 이것은 마치 '과거를 벗고 끊임없이 새 삶을 시작하는 생명의 상징'이기도 하다. 뱀의 해를 맞아, 뱀처럼 슬기롭고, 거듭나는 탈바꿈으로 벽을 허물고 경계를 넘어서 미래를 헤쳐나가는 사회가 되기를 희망한다.

낙관의 돛, 비관의 닻

 최근 미국 심리학회가 흥미로운 연구결과를 발표했다. 노인들의 경우 비관론자가 더 건강하게 오래 산다는 내용이다. 긍정의 힘, 믿는 만큼 이루어진다, 적극적 사고방식… 낙관주의가 인생의 정답이라는 주장에 너무 오래 젖어온 우리에게는 좀 당황스런 결과이다.
 이번 연구는 독일의 한 대학에서 18세에서 96세까지 4만 명을 대상으로 1993년부터 2003년까지 10년 동안 진행된 방대한 프로젝트이다. 연구진은 실험 대상자들을 직접 만나 현재의 삶이 얼마나 만족스러운지, 5년 후의 삶에 대해 어떤 기대를 가지고 있는지를 알아보았다. 그리고는 5년 후 2차 면담에서 이들이 앞서 했던 예상과 현실을 비교했다. 그 결과 노년층(65~96세)의 경우 앞날에 대해 지나치게 낙관적인 노인들은 장애나 사망 위험이 오히려 높고, 비관적인 노인들이 더 건강하고 삶에 대한

만족도가 높다는 사실이 확인되었다. "앞날에 대해 비관적이면 그만큼 건강을 관리하고 안전대책을 마련하며 조심성 있게 살아가기 때문"일 것으로 연구진은 분석했다. 반면 5년 후에 대해 젊은 층은 대단히 낙관적 전망을 한 반면 중년층은 거의 정확한 예상을 했고 나이가 듦에 따라 비관적 전망이 높아졌다. 삶에 대한 긍정적 태도가 심신을 건강하게 하면서 장수를 이끈다는 이전의 연구결과와는 거리가 있는 내용이다.

동서양을 막론하고 적극적 사고 혹은 낙관주의가 대세를 이뤄왔고, 적극적 사고는 한마디로 '간절히 원하면 이루어진다'는 믿음이다. 낙관주의와 비관주의는 어떻게 다른가. 똑같은 상황에서 밝은 면을 보느냐 어두운 면을 보느냐의 차이인데, 이런 차이를 만드는 것은 우선 타고난 성향이다. 매사를 밝게 보는 낙천적인 사람이 있고 항상 뭔가 잘 안 될 것을 생각하는 비관적인 사람이 있다.

아울러 나이가 요인이 된다. 앞의 독일 대학 연구에서 인생을 살아보면 바라는 대로 되는 일보다 안 되는 일이 더 많다는 것을 알게 되기 때문이다. 낙관주의와 비관주의의 근원은 삶의 불확실성이다. 삶이 수학 문제처럼 공식대로 풀려나가면 좋을 텐데 인생은 예측 불허이다. 낙관주의자는 '하면 된다'는 긍정의 힘에 집중해 발전과 성취를 추구하고, 비관주의자는 '잘못되면'이라는 부정적 사고에 근거해 문제를 바로잡으며 안전을 추구한다. 낙관주의자는 '비행기'를 만들고 비관주의자는 '낙하산'을 만드는 것이다. 이 사회에 둘 다 필요하다.

인생의 목표는 행복이다. 행복을 좌우하는 것은 삶의 조건이 아니라 그에 대한 태도이다. 어떤 상황이든 따뜻하게 바라보는 긍정의 시각이 있으면 대개는 견딜 만하다. 아울러 최악의 상황에 대비하는 부정의 시각이 균형을 이루면 행복은 보장된다.

인생의 항해는 가도 가도 쉬워지지가 않는다. 낙관의 돛을 높이 올리고 비관의 닻을 갖춘 채 묵묵히 항해를 계속할 뿐이다. 다만 명심할 것은 《화엄경》의 중심 사상인 '일체유심조一切唯心造'의 가르침이다. 일체의 제법은 그것을 인식하는 마음의 나타남이고, 존재의 본체는 오직 마음이 지어내는 것일 뿐이다.

무상 속에서

 부처님오신날을 앞두고 부처님이 태어난 네팔에 발생한 최악의 지진으로 희생된 많은 분들에게 깊은 애도를 표한다. 한순간에 가족과 이웃을 잃는 인명 피해와 막대한 재산 손실로 대참사를 겪고 있는 네팔 국민들과 아픔을 함께하며 용기와 지혜로 하루속히 재난을 극복해나가기를 마음 모아 기도한다.
 네팔은 히말라야 산 아래로는 인도와 인접해 있지만, 등 뒤의 히말라야를 넘으면 티베트와도 접경을 이루고 있다. 중앙 산지의 북부지역인 고지대에는 셸퍼를 하는 티베트인이 많아, 자연 티베트 불교인 라마교가 강한 편이다. 이 네팔 중남부 룸비니에서 2,600년 전 석가모니 부처님이 태어나셨다.
 부처님은 깨달음을 이루고 불교를 창시한 뒤에 제자 아난다와 함께 네팔의 수도 카트만두 계곡에 일정 기간 머물며 가르침을 전했다. 그리고 300년쯤 후 인도의 아소카왕이 석가모니 부처님의 탄생지를 방문하여 룸비니와 카트만두 계곡에 여러 개의 탑을 세웠다. 이후 1,000년 뒤인 8세기경 이곳 룸비니를 순례한 혜초 스님은 《왕오천축국전往五天竺國傳》에서 석가모니 부처님의 탄생지 룸비니를 방문한 기록을 남겼다.

그러나 이후 어떤 기록에도 룸비니에 대한 언급이 전해지지 않아 역사가들은 인도를 침입한 회교도들에게 파괴되었을 것으로 추정한다. 그때 이후 그저 매몰된 채 잡초만 무성했던 룸비니를 1896년 고고학자 퓨라 박사가 아소카왕이 세운 석주를 찾아내고 룸비니임을 확인했다. 그 후에도 황폐한 모습 그대로였던 이곳을 1967년 우탄트 전 UN사무총장이 룸비니 재건을 호소하고 세계인의 호응을 얻어내면서 비로소 개발되기 시작했다.

부처님 탄생지 룸비니가 있는 네팔에 규모 7.8도 지진은 더욱 기록적인 참상을 보여 수많은 사찰과 탑 등 유네스코 등재 문화재급 유적들이 파괴되어 세상 사람들의 마음을 아프게 한다. 세상 모든 것은 영원하지 않다. 만물은 항상 변하며, 영원한 실체로 존속하는 것은 아무것도 없다.

사람의 육신 또한 영원하지 않다. 우리가 살고 있는 태양계 속의 지구는 언제나 그 자리에 그대로 있지 않아 네팔 대지진처럼 역사 유적지마저 한순간에 파괴되어 망연자실하게 한다. 세상의 모든 존재는 영원하지 않고 무상無常 속에서 왔다가 사라지는 것이다. 《금강경》에도 무상에 대한 가르침이 잘 나타나 있다.

원인과 조건에 의해 형성된 모든 것들은
꿈과 같고, 물거품 같고, 허깨비같고, 그림자같다
또한 이슬과 같고, 번갯불과 같으니
응당 그와 같이 보아야 한다

무상은 생겨난 일체의 존재가 갖는 필연적인 상태로 이 무상을 체득하는 것이 해탈로 가는 첫걸음으로 연결된다.

불국사에서 사숙스님들과 함께

불국사 불국선원 하안거 결제 기념(1978)

정치인의 국민 우롱

사람은 죽음이 두려워 종교를 만들었고, 삶이 두려워 사회를 만들었다고 한다. 종교는 고단한 삶을 위로하며 그들이 사는 사회를 정화시켜 왔다. 그리고 인간 생활의 조화·협동을 가꾸어 온 사회는 씨족-부족-국가 사회로 진화하며 도덕과 종교적 심성만으로 이룰 수 없는 질서 체계를 잡아왔다. 이른바 정치政治이다.

 종교와 정치는 모두 인간의 삶과 사회를 유지·발전시켜왔다는 의미에서 같은 위상을 갖고 있다. 신탁神託을 받은 족장이 사회를 이끌며 정치를 했다. 통치자가 신 또는 신의 대리자로 간주되어 절대적 권력으로 인민을 지배하는 신권정치神權政治는 근대에 이르기까지 동서양을 막론하고 행해졌다. 정교일치政敎一致는 인류 역사상 오랫동안 유지되어 왔으며 특히 현대 이슬람국가에서 그 흔적이 남아왔다.

국민을 위주로 하는 정치 이념인 민본주의民本主義, 민주주의의 발전의 역사는 정교분리政教分離의 역사만큼 극히 짧다. 사람들은 종교와 정치가 현대의 최고 가치인 민주주의를 떠받쳐 세상을 밝고 평안하게 해줄 수 있다는 믿음이 있었다. 오랜 역사의 관성에 젖어 종교와 정치가 인간의 삶과 사회를 위해 있다는 확신에 찼던 것이다.

그러나 그 믿음과 확신이 허물어지고 있는 변화의 시대가 된 듯하다. 정치를 위한 정치, 종교를 위한 종교일 뿐이지 사람을 위한 정치·종교가 아닌 현실 상황이 눈에 두드러지기 때문이다. 정치·종교에 대한 불신은 점점 누적되고 있는 시대에 종교와 정치가 세상을 걱정하는 게 아니라 세상이 종교와 정치를 걱정하고 있는 세상이 되었다.

이로 인해 세상을 걱정케 하는 종교에서 멀어지는 사람들이 많아지고 있다. 최근 한국갤럽 보고서는 10년 전에 비해 우리나라 종교인 비율이 감소했다고 발표했다. 10년 전보다 4% 포인트 감소한 50%로 나타났다. 또 종교 단체가 본래의 뜻을 잃어버리고 있다는 응답이 63%였다.

정치인의 종교 개입이다. 한 국회의원은 "하나님의 뜻으로 오늘날의 대한민국이 수립됐다"고 발언하는가 하면, 법조인 출신 정치인은 "우리 기독교인들로서는 세상법보다 교회법이 우선 적용되어야 한다고 생각한다"라고 밝혔다. 종교의 자유가 헌법으로 보장된 우리 사회에서 이같은 종교극단주의적인 정치인이 늘어간다면 사회는 분열되며 길을 잃고 헤맨다.

정치가 국민 아닌 정치 단체나 정치 지도자를 위한 정치라는 것은 익히 알고 있으면서도 민주주의라는 대의명분에 사람들은 현혹되어 왔다. 이제 국민은 더 이상 정치와 종교에 현혹되거나 우롱당하지 않는다. 미망에 빠져든 세력을 더욱 규합하여 그 위상을 유지하려 한다면 사회 분열은 가속되고 세상의 걱정만 증폭시키는 존재로 남을 것이다.

그렇게 되는 상황이 오지 않도록 하기 위해서는 진정한 민본주의로 돌아와야 한다. 정치는 인본주의와 일맥상통하는 '국민의, 국민을 위한, 국민에 의한' 민주정치의 기본을 회복해야 한다. 기본을 잃으면 모든 것을 다 잃는다.

로또 인생

텔레비전 드라마 〈응답하라 1988〉에서는 정봉이네가 동네에서 제일 부유하다. 정봉이가 대학에 여섯 번이나 떨어지고 6수를 하면서도 게임이나 즐기고 공부에는 관심이 없는데도 정봉이 부모는 정봉이에게 싫은 소리 한 번 하지 않는다. 그것은 다른 이유도 있겠지만, 확실하게 드러나는 것이 욕을 먹으면서도 꾸준하게 구입한 정봉이의 복권이 1등에 당첨되었기 때문에 가난한 살림에서 하루아침에 부자가 되었기 때문이다.

우리 사회는 정봉이처럼 복권을 구입하는 사람이 많다. 지난 한 해 우리나라 복권 판매액이 12년 만에 최고치를 기록했다고 한다. 아무리 복권 판매로 조성한 기금이 공익을 위해 쓰인다 하지만 복권 판매가 이렇게 늘었다고 하는 것은 반갑기보다는 오히려 씁쓸하다. 그만큼 경제가 어렵고, 자기 힘으로는 아무리 해도 목돈을 만들 수 없다고 체념하는 서민의 우울한 현실을 드러내 보이기 때문이다.

  복권을 구입하는 것이 서민의 소소한 재미기도 하겠지만 절망의 그림자가 짙어지고 달리 희망의 사다리가 보이지 않을 때 대부분 사람들은 희망으로 위장된 복권을 산다. 지속된 불황 속에 이뤄진 복권 판매의 증가세는 다시 한번 경기회복이 얼마나 절실한 과제인지를 역설적으로 깨우치고 있다.

  더구나 최근에 나온 한 조사를 보면 수십 년 사이 우리 사회는 계층이 대물림되면서 계층 고착화 현상이 일고 있다고 한다. 타고난 능력이나 노력보다 가정환경이 차지하는 비중이 점점 커지고 있다는 결과이다. 즉 사람은 불평등하게 태어나서 불평등하게 살아갈 뿐이라는 말이다. 부모가 고학력이면 자녀도 고학력, 아버지 직업이 전문직이면 아들도 전문직, 아버지가 단순노무직이면 아들도 단순노무직으로 대를 잇는 비율이 급격하게 높아지고 있다는 설명이다.

  오죽하면 '금수저' '흙수저'라고 수저 계급론이라는 것이 나왔다고 한다. 이처럼 사회과학적 연구 결과가 '운명론'이라면 그런 사회는 분명 문제가 있다. 부모의 사회경제적 지위가 어떠하든 다음 세대는 같은 출발점에서 같은 조건으로 달릴 수 있어야 계층 이동이 가능한데 현실은 그렇지가 못하다. 사다리를 차근차근 올라가면 누구나 꼭대기에 다다를 수 있다는 희망, 계층 이동의 꿈이 살아 있어야 건강한 사회이다.

날로 벌어지는 빈부격차, 깊고 깊은 경제 불평등을 해소할 수 있는 것은 결국 정책이고 정치다. 올해 국회의원 선거에 관심을 가져야 할 한 가지 이유이다. 나아가 보다 근본적으로는 본래무일물本來無一物이라는 가르침을 환기해야 한다.

우리는 빈 몸으로 이 세상에 왔다가 빈 몸으로 떠난다. 물건, 소유로 행복을 얻도록 만들어진 존재가 아니다. 답답한 현실을 받아들이는 것도 그로부터의 탈출도 결국은 마음이 할 일이다. 마음을 다스려 자족하고 평안하다면 행복에 그보다 확실한 처방은 없겠다. 마음 다스리는 일, 기도와 수행에 더 매진하는 지혜가 요구된다.

인공지능과 함께

18세기 영국에서 시작된 산업혁명은 1960년대 우리나라에 도착했다. 공장들이 세워지고 대량생산된 제품들이 쏟아져 나왔다. 반듯하게 규격화하고 반짝반짝한 최신 상품들은 선진국의 냄새를 풍겼다. 장인들이 만든 수제품은 구식 물건으로 천대받으며 밀려났다.

인간의 손으로 빚어진 것의 가치에 한국 사회가 눈을 뜬 것은 그로부터 30년쯤 후였다. 1990년대에 이르러 폐가에 뒹굴던 소쿠리도 막사발도 골동품으로 귀한 대접을 받았다. 인간의 가장 큰 가치는 인간스러움이다. 인간으로서 같은 걸 느끼고 같은 것에 감동받는 상호 교감으로 우리는 살아간다. 흠 하나 없이 완벽한 공장 제품보다 창작의 고뇌가 담긴 사람의 작품이 가슴에 와 닿는 이유이다.

세계 최고의 바둑 고수 이세돌 9단이 인공지능 알파고에 패하자 반응이 요란하다. 이세돌 편, 즉 인간 편인 우리나라에서는 충격과 탄식이 주를 이룬다. '인류의 마지막 자존심까지 무너뜨렸다' '인공지능 시대에 대비해야' '인공지능 곧 인간 대체' 등이다. 반면 알파고를 만들어낸 구글의 딥마인드 팀은 이번 승리를 '인간이 달에 착륙한 사건'에 비교하며 기뻐한다.

알파고는 이전의 인공지능 스타들과는 급이 다르다고 한다. 알파고는 '이겨야 한다'는 목표만 입력되었을 뿐 나머지는 스스로 강화 학습을 통해 수많은 시도를 하며 게임 규칙들을 익히고 인지하며 추론해서 오늘의 바둑 고수가 되었다고 한다. 이 자율적 '학습 능력'이 일반인들을 불안하게 만드는 그 능력이다.

정보를 수집 분석하는 능력에서 컴퓨터가 사람보다 앞서는 것은 당연하다. 내가 도서관에서 자료를 찾는 것보다 구글이 훨씬 빨리 많은 자료를 찾아낸다고 인간으로서 패배감을 느낀다면 우습다. 인간의 작업을 돕기 위해 만들어진 것이 기계가 아닌가. 21세기는 인공지능 즉 기계와 함께 사는 시대이다.

기계로 인해 우리 생활은 점점 많은 변화를 겪게 될 것이다. 그렇다 해도 인간이 바뀌지는 않는다. 인간은 인간스러움으로 살아간다. 인공지능이 아무리 발전한다 해도 기계일 뿐, 바둑이 무엇인지 모르며 바둑을 두고, 그림이 무엇인지 모르며 그림을 그린다. 그 안에 교감이나 감동이 있을 수가 없다. 피 말리는 긴장 속에서 평정심을 유지하며 한 수 한 수 두는 사람의 바둑이니 그 경지가 아름답고, 창작의 기쁨과 고통 속에 피와 땀으로 그린 작품이니 사람의 마음을 움직인다. 알파고의 승리는 과학기술의 발달로만 이해되었으면 한다.

  앞으로 어떤 인공지능이 개발되느냐, 즉 사람이 어떤 알고리즘으로 인공지능을 작동시키느냐에 따라 인류의 미래는 결정된다. 원자폭탄을 개발한 맨해탄 프로젝트를 기억할 필요가 있다. 폭탄이 인류에 미칠 영향을 당시 과학자들이 미리 생각했더라면 결과가 달라졌을까. 원자폭탄의 아버지, 로버트 오펜하이머는 "나는 이제 죽음의 사자, 세계의 파괴자가 되었다"는 말을 남겼다. 인공지능을 개발하는 과학자들이 가슴에 새겼으면 한다.

제二장 吹無孔笛

구멍 없는 피리를 빗겨 불고

大弓堂　宗常　法語集　無孔笛

응원을 하는 이유

흑백 화면처럼 단조롭던 삶의 풍경이 한순간에 총천연색으로 바뀔 때가 있다. 설렘, 흥분, 혹은 열정 같은 감동이 한줄기 바람처럼 우리 삶의 지평에 불어드는 때이다. 무료하게 가라앉아 있던 시간들은 반짝이며 살아나고 삶은 생동감이 넘친다. 연초의 각오도 기대도 시들해진 한 해의 한가운데, 납덩이처럼 가라앉아 좀처럼 뜨지 않는 경기景氣…, 그날이 그날 같던 우리의 일상에 흥분과 신바람이 찾아들었다.

'붉은 악마'의 빨간색 복장과 '대~한 민국!' 응원은 2002년 한일 월드컵 이후 한민족의 확실한 문화 코드로 자리 잡았다. 10대였던 아이들은 이제 20대가 되어 응원을 주도하고, 한반도는 서울 광장부터 해운대 해변까지 더 새롭고 더 창의적인 응원의 물결로 가히 하해를 이룬다.

우리는 왜 이렇게 응원에 열심일까. 한국대표팀이 8강이 아니라 우승을 한다 해도 현실적으로 아무 상관이 없는 우리가 월드컵에 이렇게 열광하는 이유는 무엇일까. 선수들을 나와 동일시하는 연상 작용의 심리 때문일 것이다. 내가 소속된 민족, 국가, 단체—우리가 '우리'라고 부르는 집단을 대표하는 사람들은 '우리'의 구성원이고 그 '우리' 속에는 '나'도 포함되는 이치이다. 그래서 그들이 잘하면 내가 잘한 듯 우쭐해지고 그들이 못하면 내가 못한 듯 풀이 죽는 것이다.

거기에 한국사람 특유의 신명이 더해지니 응원이 곧 축제가 되는 특이한 현상이 만들어졌다. 게다가 운동선수들의 경험을 들어보면 경기장에서 관중들의 응원은 대단한 힘이 된다고 한다. 경기가 잘 풀리지 않아 힘들고 지쳐 있을 때 응원 소리가 들리면 그들은 기가 살아난다는 것이다. 마치 경기장에서 선수들은 전쟁터에 나간 것과 같은 상황으로 누군가 자기를 응원해 주면 뇌에서 엔돌핀 같은 호르몬들이 분비되면서 자신도 모르게 힘이 솟구치게 된다는 것이 의료계의 설명이다.

실력 없는 팀이 갑자기 실력 있는 팀으로 바뀔 수는 없는 것이 상식이다. 하지만 응원의 에너지가 선수들이 실력을 최대한 발휘할 수 있도록 도와 승률을 어느 정도 높인다는 것은 실제 체육계의 체험에서 드러난 의견이다. 인생이라는 경기장에서도 응원은 필요하다. 그가 이기면 내가 이긴 듯 기쁘고, 내가 이기면 자신이 이긴 듯 기뻐해주는 사람들이 있어서 우리는 힘을 얻고 살아간다. 우리가 응원하는 이유이고, 기도 정근하는 것과 같은 이치이다.

기도 염불할 때는 오직 염불만 있을 뿐이다. 다른 생각을 갖지 않는다. 일심으로 관세음보살만 부르는 것이고 염하는 위에 다른 생각을 붙이면 그것은 망상이다. 마음 가운데 원망심이나 어두운 생각을 모두 비우고 일심으로 기도 염불하는 것이다. 일심은 무념이고 형상이 없는 것이다.

"만일 한량없는 백천만 억 중생이
여러 가지 고뇌를 받을 때
이 관세음보살의 이름을 듣고
일심으로 그 이름을 부르면
관세음보살이 그 음성을 듣고
모두 해탈케 하느니라."

《법화경》〈관세음보살보문품〉에서 한 부처님 설법이다.

상식이 사라진 교육 현장

최근 영국 정부가 13년 동안 실시해온 '노 터치' 정책을 폐기한다고 발표했다는 뉴스는 우리에게도 많은 점을 시사한다. 교사가 어떤 이유로든 학생의 몸에 손을 댈 수 없다는 원칙이었는데, 그러다 보니 교내 폭력 사태가 급증하고, 교사들이 규율을 잡을 수 없게 되면서 교육 현장의 혼란이 심각해졌기 때문이라고 한다.

대략 80년대 이전까지만 해도 학교와 교사가 갖는 권위는 확고했다. 아이가 학교에서 뭔가 잘못을 저질러 부모를 부르면 부모들은 "내가 아이를 더 잘 가르치겠다. 아이가 잘못했으니 더 따끔하게 벌을 주라"고 했다. 반면 요즘 부모들은 자기 아이를 감싸며 변명하기 급급하다.

교사의 권위에 대한 확실한 인정이었고 따라서 개인적으로 특별히 존경하는 은사가 있건 없건 '스승의 은혜'라는 표현은 매우 자연스러웠다. 그런가 하면 온갖 수식어로도 부족할 만큼 '악랄한 선생'에 대한 기억 하나 없는 사람 또한 별로 없다. 특히 남성들의 경우는 군대 생활 '무용담' 못지않게 고등학교 시절 교사들로부터 당한 무차별적인 매질이 추억담의 한몫을 한다. 다 큰 어른인 그들이 나약한 아이들에게 왜 그렇게 난폭했을까.

주입식 교육의 교실 안에서 교사가 갖는 무소불위의 권위가 문제였다. 어느 집단이나 마찬가지로 교직자 중에도 성격이나 정서적 결함이 있는 사람이 있을 것이고, 이들이 손에 쥐어진 권위의 칼을 부당하게 휘두른 결과였다. 학생의 인권이라는 개념은 없었다.

지금은 세상이 정반대로 바뀌어서 교사들의 인권이 위협받고 있다. 제멋대로인 학생들, 그런 아이를 상전처럼 떠받드는 학부모들 앞에서 교사들은 속수무책이다. 야단치는 여교사를 학생이 폭행하고, 학생에게 벌을 준 교사에게 학부모가 "아이도 키워보지 않은 네가 뭘 안다고…"라며 삿대질을 하고, 수업 중에 영상통화를 한 학생에게 엎드려뻗쳐를 시킨 교사가 징계 당하는 따위의 보도가 끝이 없다.

학교가 변하고 가정이 변하면서 생긴 후유증이다. 게다가 요즘 아이들은 저마다 '소황제'이다. 하나뿐인 아이가 너무 귀해서 부모들이 황제처럼 떠받들어 키우면서 붙은 별칭이다. 맞벌이

하는 요즘 부부 대부분이 비슷한 상황이어서 부모가 조금만 방심하면 자기중심적이고 버릇없고 제멋대로여서 누구의 말도 듣지 않는 아이가 되고 만다.

교사가 자신의 좌절감을 학생들 매질로 푸는 것도, 겁이 나서 학생들에게 벌도 내릴 수 없는 것도 정상은 아니다. 교실에서 상식이 통하는 분위기가 조성되어야 하겠다. 아이가 너무 귀여워서 절제와 겸양, 어른에 대한 공경 같은 교육도 시키지 못한다면 결과는 도덕 부재의 사회이다. 아이가 그런 사회에서 살면서 값을 치러야 할 것이다.

부처님은 《육방예경》을 통해 분명히 가르치셨다. 스승을 예경하고 공양하며, 존중하고 우러러 받들며, 스승의 가르침을 공손히 따르라는 것이다. 나아가 스승이 필요한 것을 공급하라고까지 일러주셨다. 그만큼 인간은 교육에 의해 완성되는 존재임을 중요시하셨던 것이다.

얼굴 없는 선행

올해도 다 저물어간다. 이맘때가 되면, 얼굴 없는 기부자가 나타나고 이름 없는 선행 이야기가 우리의 얼어붙은 마음을 녹여주며 눈먼 욕망을 돌아보게 한다. 춥지만 따뜻한 복된 시기이다. 얼마 전 구세군 자선냄비에 1억 1천만 원짜리 수표가 기부돼 큰 화제가 되었다. 그 기부자는 구세군 봉사자에게 정중하게 인사한 뒤 "좋은 곳에 써달라"는 말만 남겼다고 한다.

힌두교 이론과 사상을 토대로 만들어진 철학 문헌 《우파니샤드》는 인간의 욕망이 바로 그의 운명이라고 말한다. 욕망이 의지를 만들어내기 때문이다. 의지가 곧 그의 행위이며, 그의 행위가 곧 그가 받게 될 결과물 즉 운명이라는 것이다. 인과응보의 엄연한 이치를 설명하고 있다.

명예, 돈 지위, 학벌, 사랑… 무슨 수를 써서라도 내 손에 움켜쥐고 싶은 소유의 욕망이 대부분 우리의 삶을 이끌고 있다.

저마다의 이익에 눈먼 욕망이라는 열차들이 서로 부딪치고 부서지면서 세상은 아수라장이고, 그 속에서 삶은 고통의 연속이다. 부처님은 그런 숨 막히는 열차에서 어서 내리라고 일깨워준다. 아무도 모르게 1억 원짜리 수표를 자선냄비에 넣는 것은 바로 부처님 가르침대로 욕망의 열차에서 뛰어내려 들판의 향기로운 한줄기 바람에 자신을 맡기는 그런 신선한 경험이 아닐까.

'연말 이름 없는 기부자'의 대표적인 사람은 래리 스튜어트(Larry Stewart)라는 미국인 사업가로 알려져 있다. 26년 동안 크리스마스 때면 어김없이 거리에서 100달러(약 10만 원)짜리 지폐를 나눠주던 인물이다. 2007년 암으로 사망하기 직전에야 이름이 밝혀진 그가 총 13억 원에 가까운 돈을 자선한 데는 잊지 못할 고마움이 계기였다고 한다. 배고프고 춥고 절망에 차 있는 것이 어떤 건지, 그때 받는 도움이 얼마나 큰 힘이 되는지를 그는 알고 있었다. 그가 무안하지 않도록 배려한 도움을 받은 것을 깨달은 그 순간 그는 "형편만 되면 반드시 남을 돕겠다"고 맹세했고 그것을 실천에 옮겼던 것이다.

선행은 선행을 낳는다. 그가 사망한 후 이름 없는 천사들은 더 많아졌다. 그의 뜻을 따르는 사람들이 협회를 만들어 그가 하던 일을 계승하고 있다.

전주시에서 한 맛깔스런 인생을 주제로 한 연극이 공연되고 있다. 제목은 〈노송동 앤젤〉. 해마다 연말이면 아무도 모르게 노송동 동사무소에 성금을 전달하는 한 얼굴 없는 기부자를 소재로 한 연극이다. 이 선행의 주인공은 2000년부터 11년간 총 2억 원에 가깝게 남몰래 기부했다. 2년 전 그가 남긴 편지에는 "어머님의 유지를 받들어 어려운 이웃을 위해 쓰여졌으면 한다"는 내용이 담겨 있었다고 한다. 아마도 그는 어머니에 대한 사랑 혹은 회한 때문에 기부자가 된 것 같다.

'곳간에서 인심난다'고 하지만 인심의 근본은 마음이다. 내 곳간에 쌓아두고 싶은 유혹을 뛰어넘게 하는 것은 그보다 더 강한 주고 싶은 마음, 이웃의 굶주림과 헐벗음이 나의 배고픔, 나의 추위로 느껴질 때 곳간 문은 열리고 내어주는 기쁨을 체험하게 된다. 그래서 그 기쁨에 겉옷을 달라 하는데 속옷까지 주고, 5리 대신 10리를 같이 가게 되는 기적이 일어난다. 내어줌, 보살핌의 극한을 보여준 관세음보살을 생각하게 하는 때이다.

사형·사제스님들과 함께(1979)

마음이 부처

인간이면 누구나 궁극적으로 추구하는 것이 '행복'이다. 부처님은 온 인류에게 행복에 이르는 지혜를 가르쳐주었다. 그것은 이 마음에 행복이 있고 이 마음에 불행이 있어 행복과 불행은 스스로 만드는 것이라는 진리이다. 그래서 내 몸 밖에 있는 그 어떤 대상에서 행복을 구하려는 것은 '욕심'이고 결국 불행을 경험하게 된다는 것을 일깨워 주었다. 언론기관이나 학술단체에서 해마다 세계에서 가장 행복한 나라를 선정하는 것을 보면 으레 덴마크가 1위를 차지하거나 또는 3위 안에 들어간다.

최근 복지연구로 잘 알려졌다고 하는 영국의 한 대학이 선정한 가장 행복한 나라 순서에 또 덴마크가 1위로 선정되었다고 한다. 덴마크는 여왕이 통치하고 여수상이 정부를 운영하는 국토 4만 평방Km로 우리나라 남한 영토의 1/3밖에 안 되고 인구는 550만 명(남한의 1/10) 정도이다. 슈미트 총리는 최근 서울에서 열린 세계 핵안보회의차 내한했는데 회의에 앞서 판문점을 단독으로 시찰해서 북한 경비병들을 놀라게 했다고 한다.

덴마크는 왜 항상 세계에서 가장 행복한 나라의 톱 명단에 들어가는 것일까. 국민소득은 미국과 비슷한 5만 8,500달러 수준이다. 그런데 미국은 행복한 나라 순위에서는 15위나 20위에 속한다. 우리나라는 보통 50위선에 그친다. 더욱 불행한 것은 우리 국민 10명 중 3명은 한 번쯤 자살을 생각한 것으로 나타났다는 통계를 최근 생명보험재단이 밝혔다. 이 정도면 우리는 행복한 나라는 둘째 치고 우울증을 앓고 있는 국가에 속한다.

삶의 만족도 조사를 보면 우리 국민은 53%인데 덴마크 국민은 93%에 이른다. 이같은 덴마크인의 생활 철학은 교육에 뿌리를 두고 있다는 해석이 있다. 이른바 '위대한 평민 기르기'로 불리는 자유 교육이다. 아이들에게는 더 많은 교육보다 더 많은 삶이 필요하다는 주장이다.

국가는 국민이 스스로 자기 길을 찾는 것을 도와주는 데 교육의 중점을 두고 있다. 학교에서 시험도 없고 성적 발표도 없으며 낮 12시면 수업을 끝내고 오후부터는 과외활동이다. 직장에서도 능력만 따지지 학력을 묻지 않는다. 도로공사 인부들도 화이트컬러직 못지않게 존경받는다. 빈부의 차이도 별로 없다. 국가가 국민 훈련에 막대한 예산을 부어 넣으며 교육의 질에 전력을 기울인다. 어느 나라보다 국민 훈련이 잘된 나라, 이것이

덴마크가 해마다 세계에서 가장 행복한 나라로 뽑히는 이유라는 것이다.

　나는 부처님의 지혜 관점에서 접근한다. 이 마음에 행과 불행이 있는 것이지 남 때문에 혹은 남에 의해 행과 불행이 결정되지 않는다는 것을 기본 교육으로 훈련시킨 결과이다. 남이 가지기 전에 내가 먼저 가져야 한다는 욕심, 남보다 더 많이 갖고자 하는 욕심이 용납되지 않는 가치 체계를 제도적으로 구축했기 때문이다. 행복을 밖에서 찾으려는 것은 자신도 불행하게 되는 원인이 되고 남도 불행하게 만드는 원인이 된다.

행복의 맛

〈돈의 맛〉이라는 영화가 큰 화제가 되고 있다. '이 시대 최고의 맛'이라는 부제를 달고 있는 이 영화는 최상류층의 탐욕, 탐닉, 타락을 적나라하게 보여줌으로써 영화로서 강렬한 재미를 갖춘 것으로 보인다. 돈의 맛이란 어떤 건가? 돈이 있으면 갖고 싶은 것을 살 수 있고, 그 소유가 만족감을 주면서 행복을 느끼는 간단명료한 구도이다. 그렇다면 그렇게 느낀 행복감은 얼마나 오래 갈까. 일단 그 정도는 얼마든지 살 수 있는 경제력을 갖추고 나면 그 행복감은 이전 같지 않게 된다. 돈의 맛도 행복의 맛도 아닌 때가 온다.

노벨 경제학상을 수상한 심리학자 카너먼(Daniel Kahneman) 교수는 돈으로 어느 정도는 행복을 살 수 있다고 말한다. 소득이 올라갈수록 행복감이 높아진다는 해석이다. 단 조건이 있다. 그의 이론으로 따지면 연소득 약 7천만 원 선까지 만이다. 이

소득은 먹고 마시고 친구들과 어울리며 일상생활을 즐기기에 불편이 없는 수준이다. 이 선을 넘어서면 소득이 늘어도 행복감 증진 효과는 별로 없는 것으로 그는 파악했다. 돈으로 행복을 살 수 없는 지점에 이른 것이다.

돈과 행복은 직결되지 않고, 때로 적이 되기도 한다. 아울러 돈의 문제는 중독성이다. 많은 사람들이 한번 돈맛에 빠지면 헤어나지를 못한다. 돈에 눈이 멀고 만다. 돈 외에는 눈에 보이는 게 없는 사람들로 세상은 늘 시끄럽다. 이미 넘치게 가진 재벌가 형제들이 돈 때문에 원수가 되기도 하고 청렴해야 할 공직자들이 눈먼 돈에 홀려 패가망신하기도 한다. 사람이 설 자리에 돈이 주인으로 들어선 것이다. 가치의 전도이다.

10여 년 전 인도의 한 시골 마을의 한 사람이 버려두었던 땅을 개간하기 위해 마을 사람들에게 제안을 했다. 쓰레기를 치우고 땅을 정리해주면 그 대가로 흙을 주겠다는 것이었다. 소박한 심성의 마을사람들은 흔쾌히 승낙을 하고 흙을 파내려 갔는데 거기서 문제가 생겼다. 수천 년된 보물들 금덩어리들이 나온 것이었다.

일꾼과 인근 주민들이 몰려들어 닥치는 대로 주워 담기 시작했고, 그리고 다른 사람들이 총을 들고 와서 약탈하고, 이어 출동한 경찰까지 약탈에 가담했다. 그러자 정부가 나서 "고대 유물은 국가 소유"라며 보상을 조건으로 내세웠지만 아무도 들지 않았다. 평화롭던 마을은 탐욕과 의심, 비방의 지옥이 되어 버렸다.

행복은 돈만으로 얻어지지 않는다. 돈으로 행복을 얻는 수준을 넘어서면 그 다음 단계의 요소들이 필요하다. 관계와 의미이다. 가족 친지들과의 긴밀한 관계 속에서 행복감이 생기고, 의미있는 일을 함으로써 행복을 느낀다.

행복은 사람에 관한 것, 행복의 맛은 사람 사는 맛이다. 특히 불자들에게 연중 최대의 명절인 부처님오신날을 보냈다. 새해 들어 정신없이 달려온 삶을 잠시 멈추고 숨을 고를 필요가 있다. 내가 달려가는 방향은 '돈'을 향한 것인가 '행복'을 향한 것인가. 내가 추구하는 것은 '돈의 맛'인가 '행복의 맛'인가.

승패

칠레의 아타카마 사막은 지구상에서 가장 메마른 땅이라고 한다. 강우량이 0에 가까워서 달 표면과 비슷하다는 것이다. 그 척박한 땅에 색색의 꽃들이 만발하는 때가 있다. 10여 년에 한 번씩 겨울에 유난히 비가 많이 내리고 나면 생명의 흔적도 없던 그곳에서 꽃들이 피어난다. 지난 2000년대 중반 지평선 끝까지 아득하게 꽃이 만개한 진기한 사막 풍경이 보도된 적이 있다. 물 한 방울 허용되지 않는 혹독한 결핍의 시간을 견디어 낸 사막의 식물들은 때가 되자 폭발적으로 생명력을 분출함으로써 그만큼 특별한 장관을 펼쳐내는 것 같다.

세계 곳곳 최고의 선수들이 런던올림픽 경기장에 집결해 지난 2주 인간의 몸으로 가능한 최고의 장관을 펼쳐냈다. 먹고 싶고 쉬고 싶은 본능적 욕구를 통제하며 스스로를 철저한 결핍의 시간 속으로 내몰아 혹독하게 단련함으로써 얻어낸 진수들이다. 이번 올림픽을 계기로 체조 역사상 처음으로 우리나라에서 금메달을 딴 '비닐하우스의 소년' 양학선 선수가 화제이다. 키 159cm의 양 선수는 독창성을 추구했다. 누구도 시도해보지 않은 원천 기술로 높은 세계 체조 벽을 넘은 것이다. 하지만 그보다 더 눈길을 끄는 것은 가정환경이다. 집이 없어서 비닐하우스에서 살고 있고, 하루 4만 원인 훈련비를 꼬박꼬박 모아 월 80만 원씩 부모님께 보냈다. 외롭고 고되고 서러운 시간들, 사막의 씨앗처럼 인고의 세월을 숨죽여 견디고는 마침내 빛나는 세계 최고의 체조 선수로 날아올랐다.

어떤 종목이든 시작은 재능이다. 재능이 있으면 재미가 있어서 훈련을 받게 되고 훈련을 통해 실력을 쌓게 된다. 이런 과정을 묵묵히 이겨내는 끈질김, 보통에 만족하지 않고 최고가 되려는 야심, 죽고 싶을 정도로 힘든 훈련을 버티는 강인함, 모든 부차적인 것들을 과감하게 포기하는 결단력… 최고의 선수가 되기 위한 기본적 자질들이다. 결국은 정신력이다.

레슬링 김현우 선수는 레슬링 매트가 수영장이 될 정도로 땀을 흘리며 지옥훈련을 했다고 한다. 그가 오른쪽 눈이 퉁퉁 부어 안 보이는 상태로도 금메달을 얻어낸 비결은 이렇게 길러진 무서운 정신력이다. 축구 3·4위전에서 한국은 일본을 통쾌하게 이겼다. 올림픽 사상 최초로 축구 동메달을 딴 이 승리는 금메달보다 더 값지고 빛나게 우리 국민들에게 다가온다. 일본

석굴암 통일대종 완성 후 종장 김철오 대표와 함께(1989)

앞에만 서면 본능적으로 치열해지는 투혼과 이기면 군복무 면제라는 강한 동기부여가 제대로 작동한 것 같다. 실력보다는 정신력, 기 싸움에서 한국이 이겼다. 최고의 선수들이 모인 올림픽 경기에서 승자와 패자가 가려지는데 그 마지막 선을 가르는 것은 정신력이라고 한다.

인생에서 뭔가를 성취하려면 야망과 불굴의 의지가 필요하다. 야망으로 세운 높은 목표를 불굴의 의지로 성취해낸 선수들이 일생일대의 꽃을 피워내는 것이 올림픽이다. 그들의 경이로운 성취에 박수를 보낸다.

사색 없는 인터넷 시대

인터넷 시대가 몰고 온 고질적 문제 중 하나는 악성 댓글이다. 얼굴 드러내지 않고 무슨 말이든 할 수 있는 장치를 악용해 온갖 비뚤어진 감정들이 온라인 공간에 분출된다. 하수구가 따로 없다. 대개는 심각한 악의의 표출이라기보다 단순한 감정적 배설 행위이지만 당사자가 받는 상처가 너무 커서 사회적 문제가 되기도 한다. 심지어 악성 댓글에 시달리다 못해 자살한 사례들까지 있다. '생각이 있는 사람들이라면 이런 말을 할까?' 싶은 경우가 많은데, 그래서 생각해보면 우리는 지금 '생각이 없는 시대'를 살고 있다.

과거 한때는 '텔레비전 끄기 운동'이 가끔 전개되었다. 텔레비전이 우리의 여가 시간을 너무 많이 차지하는 데 대한 경계였다. 어른이든 아이든 집에 돌아오면 텔레비전부터 켜는 것이 버릇이니 시간도 시간이지만, 텔레비전 앞에서의 수동성이 문제로 지적되었다. 화면에 나오는 것을 그저 바라만 보는 데 길이 들다보면 스스로 생각하는 능력을 잃어버린다는 것이다. 이른바 텔레비전이 사람을 바보로 만드는 상자라는 말이 나올 정도이다. 텔레비전을 일주일에 하루라도 끄고 독서를 하거나 사색을 하자는 운동이 펼쳐졌지만 폭넓은 호응을 얻지는 못했다.

지금은 텔레비전 중독에 비할 바가 아니다. 페이스북, 트위터, 유튜브, 카카오톡, 게임… 이 모두를 담은 스마트폰이 24시간 손 안에 있으니 한순간도 심심할 틈이 없다. 요즘 식당에서는 음식이 늦게 나와도 손님들이 불평을 하지 않는다고 한다. 저마다 스마트폰을 들여다보느라 음식은 뒷전이기 때문이다. 인터넷의 넘쳐나는 정보와 자극의 홍수 속에서 우리가 잃어버린 것이 있다. 자신의 내면을 들여다보며 자기 자신과 만나는 시간이다. 아무것도 안 하고 가만히 있는 것, 조용히 깊이 생각하는 것이다.

마이크로소프트 회사를 창업한 빌 게이츠의 휴가가 화제가 된 적이 있다. 시골 호숫가 별장에 가서 일주일간 홀로 지내는 '생각 주간'이다. 은퇴하고 자선사업에만 몰두하는 지금은 어떤지 모르지만 마이크로소프트 회장으로 일할 당시 그는 매년 두 차례 '생각'을 위한 은둔 생활을 했다고 한다. 전 세계 마이크로소프트 직원들이 작성한 산더미 같은 보고서를 들고 가서 읽고 분석하고 사업 방향을 정하는 일종의 의식이었다. 그런 깊은 생각의 시간이 마이크로소프트 성공의 밑거름이 되었다.

마구 쌓인 정보에 계통을 세워주는 것이 생각 혹은 사색이다. 존재의 계통을 세워주는 것 역시 사색이다. 사색·명상은 인간이 인간으로서 바로 서도록 영혼의 중심을 잡아준다. 홀로 있는 시간은 자신의 목소리에 귀 기울이게 한다.

인터넷 시대는 검색만 있고 사색이 없는 시대이다. 정보는 단편적이고 언어는 경박해가고 감정은 얄팍하다. 내용보다 속도가 강조되면서 생각이라는 여과장치는 종종 실종된다. 한마디로 우리의 삶이 인터넷·기계에 너무 치중되어 있다. 혼자서 오직 고요한 마음으로 앉아있는 시간을 가져야 하겠다. 그래서 사고의 흐름으로부터 마음을 쉬게 하는 것이다. 마음이 더없이 고요해지면 지혜가 찾아든다.

우리는 알고 있다

'라면 상무' 사건, 남양유업 직원 욕설 사건, 전 대통령 대변인 윤창중 성추문 사건 등 잇달아 우리 사회를 뒤흔들어 놓은 사건들이 터졌다. 이들 사건은 공통점을 가지고 있다는 사실을 주목할 필요가 있다. 모두 컴퓨터 인터넷을 기반으로 한 온라인 소셜 네트워크가 터트린 사건이다. 이전 같으면 사적 영역에 묻혀있을 수도 있었을 사건들이 온라인 커뮤니티에서 터졌고 유사한 사건들이 계속 터진다는 것은 세상이 달라지고 있다는 시대적 흐름의 징후일 수 있다.

〈나는 네가 지난여름에 한 일을 알고 있다〉는 미국 공포영화가 있었다. 고교를 갓 졸업한 친구 네 명이 독립기념일을 맞아 바닷가로 놀러갔다가 악몽 같은 사건에 부딪치는 내용이다. 운전 중 사람을 치지만 모두의 장래를 생각해 시체를 바다에 유기한다. 그리고 1년 후 '나는 네가 지난여름에 한 일을 알고 있다'는 내용의 편지가 널아든다. 온라인 소셜 네트워크가 등장하기 이전인 1998년 영화이다. 지금 같으면 당장 그날로 '네가 한 일'을 '세상 사람 모두'가 알게 될 것이다. 특히 사회적 공분을 살만한 사건은 사적 영역에 남아 있기가 힘든 환경이다. 클릭 하나로 사건을 공론화할 무기를 우리 모두 손 안에 가지고 있기 때문이다. 그래서 동반되는 문제가 사생활 침해 가능성이다. 타인의 간섭 받지 않고 자기 생활을 즐길 권리가 점차 사라지게 된다.

요즘의 온라인 소셜 네트워크의 힘은 핵폭탄 수준이다. 엄청난 힘이 네티즌들의 손에 담겨 있다. 이 힘을 어떻게 쓰느냐가 인터넷 시대의 숙제가 되었다. 남양유업 케이스는 온라인 네트워크의 위력이 아니었으면 거의 터지지 못할 사건이다. 하청 대리점주에 대한 대기업의 횡포는 실제 전혀 새로운 일이 아니기 때문이다. 아버지뻘 되는 대리점주에게 회사 영업 직원이 욕설을 퍼붓는 음성 파일이 유튜브에 오르면서 빙산의 일각이 드러났다. 2분 45초짜리 파일이 일파만파 불매운동을 일으키자 당황한 남양유업은 대국민 사과를 하기에 이르렀다. 윤창중 성추행 의혹도 처음 표면에 드러난 것은 온라인 사이트를 통해서였다. '미시 USA'라고 하는 인터넷 사이트에 사건 개요와 함께 "이대로 묻히지 않게 도움이 필요합니다"라는 게시물이 뜨면서 언론들이 취재를 시작, 사건이 백일하에 드러났다. 온라인 소셜 네트워크 시대는 '사생활'이라는 안락한 울타리를 포기해야 하는 시대이다. 그래서 혹자는 어디선가 누군가가 보고 있다는 전제 하에 행동을 하는 것이 현명하다고 조언하기도 하고, 또 다른 사람들이 알지 말았으면 싶은 건 애초에 하지 않으면 되고, "우리는 네가 한 일을 알고 있다"고 해도 거리낄 것 없는 행동만 하라고도 조언한다. 지극히 단편적이고 한계적인 말씀이다.

불자들은 알고 있다. 밖을 향하여 공부하는 것은 어리석은 사람들의 짓이고, 그것은 언젠가는 흩어지고 떠나게 된다는 부처님 가르침을. 그래서 오직 자신의 마음에서부터 진실의 눈이 깨어나야 하고 어느 장소에서든지 주체적일 수 있다면(隨處作主), 그 서는 곳은 모두 참된 곳(立處皆眞)이다.

쉼표

한 유명 가수가 노래를 마치자마자 죽었다. 사인은 무엇이었을까. '질식사'였다고 한다. 작곡가가 악보에 '쉼표'를 넣는 것을 깜박 잊었다. 그래서 그 노래를 한숨에 부르다가 숨이 막혀 죽었다는 것이다. 그저 우스개소리이지만, 많은 의미를 시사한다.

현대를 스트레스의 시대라고 한다. 누구나 여유롭게 사는 인생을 소망한다. 그런데 대부분의 사람들은 인생의 여유를 외적인 조건에서 찾는다. 경제적인 풍요로움과 시간을 바로 그 여유로운 인생의 조건으로 보고 있는 것이다. 일단 시간이 넉넉해야 한다. 그리고 넉넉한 시간을 즐기기 위해서는 필히 경제적인 조건이 뒷받침되어야 한다는 생각을 한다. 그래서 그 '여유로운 인생'을 얻기 위해 앞만 보고 달린다. 미래의 여유로움을 바라보며 현재의 여유를 포기한 채 앞만 보고 달려가는 이중적 구조 속에 허덕이는 것이 현대인의 삶이다.

월산 조실스님 다례재 중에

여기에는 남녀가 따로 없고 청장년이 따로 없어 보인다. 모든 것이 빠른 속도로 진행되고 변화하는 속에서 그 속도에 갇혀 뒤돌아볼 겨를이 없다. 뒤따르는 것은 피로감이고 스트레스다. 뭔가 더 윤택해지길 기대하지만, 정작 누리지 못하는 것은 바로 '쉼'이다.

육신의 쉼도 쉼이지만 정신적 여유로움이 없기 십상이다. 쉼표 없는 악보는 좋은 음악이 될 수 없는 것처럼 쉼표 없는 인생 또한 참 인생일 수 없다. 그래서 악보에는 쉼표가 있다. 삶의 쉼표 역시 더 건강한 삶을 영위하게 만드는 활력소가 된다.

그런데 '쉼'을 어떻게 정의해야 하나. 그게 그리 쉬워 보이지 않는다. 산으로 바다로 명소를 찾아 나서고, 관광지를 방문한다. 쉼을 추구하면서도 뭔가를 더 채우려고 애쓰는 것처럼 보이기도 하는 이런 것들이 반드시 쉼은 아닐 것이다. 현대인들에게 보다 더 필요한 쉼은 덜어내고 돌아보는 것이다. 들이마시는 쉼보다는 내쉬는 쉼이 되어야 하지 않을까. 나를 되돌아 관찰하고 인생과 우주의 이치가 주는 미묘한 변화, 그 행복감을 놓치지 않는 것도 쉼인 것이다.

'나'의 존재를 가능하게 한 모든 인연들을 살펴보면, 하늘과 땅 '내'가 둘이 아님을 알 수 있다. 이 자연과 내가 둘이 아님을 알 수 있을 때, 내 몸과 마음도 둘이 아님을 알 수 있고, 뿐만 아니라 전체와 하나된 나를 체험할 수도 있다. 비유하자면 바닷물이 증기가 되고 구름, 비, 눈, 이슬, 안개 등으로 수많은 변화를 일으킨다. 이때 구름이, 나는 '구름'이라고 집착하지 않고 물이라는 사실을 확신하고 있으면 '구름'이 생겼다고 '내'가 생긴 것이 아니요, '구름'이 사라졌다고, '내'가 사라진 것이 아니라는 사실을 알고 구름이라는 체험을 통해 자기 존재에 대한 확신을 할 수 있다.

비록 처한 현실이 힘겹더라도 여유를 잃지 않고 마음의 평안을 누리는 것이 진정한 쉼이다. 많은 사람들이 기다려온 여름 휴가철이다. '나만의 진정한 쉼'을 찾는 각별한 휴가되기를 기대해본다.

만델라의 유산

아프리카 민족해방운동의 상징, 흑인 민권운동의 우상, 그리고 마침내는 이 시대의 성자로 추앙받았던 흑인 넬슨 만델라(Nelson Mandela, 1918~2013) 남아프리카공화국 전 대통령이 별세했다. 구랍 5일 그의 타계 소식이 전해지자 전 세계는 추모 물결로 하나가 되었다.

슬픔만은 아니다. 평생 자유와 평등을 위해 몸 바쳤던 그의 삶을 기리고 있다. 용서, 화합, 관용… 만델라를 '만델라'로 만든 대표적 요인들이다. 용서할 수 없는 자들을 용서하고, 화해할 수 없는 자들과 화합하며, 포용할 수 없는 자들을 관용으로 품어 안는다는 원칙에 철저함으로써 그는 300여 년 인종차별의 깊고 깊은 남아프리카공화국의 원한의 골을 메워낼 수 있었다. 만델라의 생애는 투사로서 싸운 젊은 시절, 정치범으로 옥에 갇혀 보낸 27년의 중장년 시절, 그리고 통합의 정치로 남아'

공에 새 시대를 연 노년 시절이다. 애벌레가 고치를 거쳐 나비로 날아오르듯, 젊은 혁명가는 테러리스트라는 꼬리표를 붙이고 고치 속 같은 감옥 속의 암흑기를 거쳐 빛나는 정치가로 날아올랐다. 체포되고 1964년 그는 종신형을 선고받았다. 재판 중 피고석에서 한 그의 연설은 지금도 유명하다.

"모든 사람이 다 함께 평등한 기회를 누리며 조화롭게 살아가는 민주적이고 자유로운 사회를 이상으로 품어왔다. 내가 살고 싶은 세상이자 성취하고 싶은 이상이다. 하지만 필요하다면 나는 이를 위해 죽을 각오가 되어 있다."

잔혹한 탄압과 차별이라는 적을 그는 죽음을 불사하는 용기로 맞서 싸웠다. 하지만, 이후 27년 옥살이를 마치고 자유를 되찾아 정치인으로 돌아온 마지막 단계에서 그는 자신에게 적은 증오와 분노라는 것을 깨달았다. 백인들을 당장이라도 처단할 듯 복수심에 들끓는 흑인 민중의 분노가 천둥처럼 강렬했다. 잃어버린 27년에 대한 그 자신의 분노도 없지는 않았을 것이다. 증오와 복수심을 활화산처럼 쏟아낼 것으로 흑인들은 기고 백인들은 두려워했던 역사적 전환점에서 대통령이 된 는 전혀 다른 해법을 내놓았다. 용서와 관용 그리고 화 음 속에 차고 넘치게 쌓였을 분노와 미움을 그는 오 하고 발효시켜서 도덕적 용기로 승화시켰다.

11월, 27년 만에 자유의 몸이 되던 순간을 넬슨

만델라는 이렇게 회고했다.

"자유로 이어질 문을 향해 걸어가면서 나는 알았다.
내 안의 비통함과 증오를 뒤에 남겨두지 않는다면,
나는 여전히 감옥에 갇히게 되리라는 사실을."

생애 중 정점을 이루었을 중요한 시기 근 30년을 송두리째 빼앗긴 회한, 분노, 증오를 의식에서 몰아내지 않는다면, 모두 감옥에 남겨두고 나오지 않는다면, 감정의 감옥에 갇혀 결코 자유롭지 못하리라는 사실을 그는 알고 있었다.

40대 중반 세상 밖으로 추방되었던 무장혁명의 투사는 70대 초반 증오를 버린 자비와 평화의 지도자로 세상에 다시 걸어 들어왔다. 그리고 역사는 바뀌었다. 한 해가 저물어간다. 가슴 속의 비통함과 증오가 있다면 함께 보내고 새해를 맞이하자.

생사의 바다

2014년 갑오甲午년 '말의 해'가 밝았다. 말은 힘과 생동감과 순발력을 상징하는 동물인데 특히 올해는 60년 만에 돌아오는 청말(靑馬)이라고 해서 특별하게 여겨지고 있다.

말은 불교에서 관세음보살이 현신하신 모습으로 표현된다. 관세음보살이 육도六道를 순회하며 중생을 교화하실 때는 성聖·천수千手·마두馬頭·십일면十一面·준제準提·여의륜如意輪 관음 등 여섯 가지 관음으로 현신하는 것이 보통인데, 축생을 교화할 때의 현신 모습이 바로 마두관음보살이다. 유일하게 분노한 모습을 한 관음상으로, 머리에 말의 머리를 이고 있어 마두대사馬頭大士 혹은 마두명왕馬頭明王이라 부르기도 한다.

말의 머리를 이고 있는 것은 전륜왕의 보마가 사방을 달리면서 마귀를 굴복시키는 것처럼 생사의 바다를 누비면서 천마千魔를 항복시키는 큰 위신력과 정진력을 나타내기 위해서

이다. 무명의 무거운 업장을 막아주고 간절한 기도에 응대하기도 한다. 인생 80년 우리의 삶은 도도한 장강과도 같다. 또한 광활한 심연의 바다와도 같다. 어느 인생도 항상 청명하지는 않다. 비바람이 몰아치기도 하고 천둥 번개가 치기도 한다. 때로 잔잔하고 때로 파도가 치고 하늘 높이 이는 격랑에 휩쓸리며 흘러 한 생애를 이어간다.

삶에서 나쁜 일들이 닥칠 때 사람들이 보이는 반응은 보통 세 가지다. 가장 흔한 반응은 걱정과 두려움이다. 이미 일어난 일에 아울러 앞으로 일어날 가장 나쁜 상황들을 미리 상상하며 불안해하느라 밤잠을 못 자기도 한다. 사람들이 하는 걱정의 40%는 '일어나지 않은 일', 30%는 '지나간 일', 12%는 '상상으로 만들어 낸 일', 18%는 '걱정하지 않아도 될 일'이라는 조사 결과가 있다. 우리가 불필요한 걱정을 너무 많이 한다는 것이다.

다음은 낙관적인 반응이다. 어려움은 일시적인 것일 뿐, 시간이 지나면 풀린다며 해결에 초점을 맞추는 긍정적인 태도이다. 어두운 쪽보다는 밝은 쪽을 보는 낙천성은 타고난 기질이 많이 작용한다. 똑같은 상황에서도 이런 사람들은 삶이 훨씬 편안하다. 마치 험난한 파도 속에서 수영을 잘해서 이리저리 어떻게 해서든 헤쳐나가는 것과 같다. 그래도 다행스러운 것은 낙관주의가 학습이 가능하다는 사실이다. 의식적으로 낙천적인 척 생각하고 행동하다 보면 어느 순간 자기도 모르게 낙관주의자가 된다고 한다.

마지막은 간절한 '기도'이다. 부처님의 가피가 있음을 확고하게 믿고 의지하는 것이다. 마치 하늘을 덮을 듯한 격랑 속에서 구명조끼를 입고 수영하는 것과 같다. 기도는 신앙이다. 신심이 아니라 신앙인 것이다. 따라서 기도를 할 때는 매달리는 것이 기도이다. 기도를 할 때는 지극한 마음, 간절한 마음 하나면 족하다. 그저 간절하게 불보살님을 생각하고 지극한 마음을 전하는 것이다. 간절하다는 것은 마음을 하나로 모아 한결같이 갖는 것이다. 신라의 원효 스님은 기도하는 법에 대해 이렇게 가르치셨다.

절하는 무릎이 얼음처럼 시려도
불 생각을 하지 말고
주린 창자가 끊어져도
먹을 생각을 하지 말아라.

이것은 얼어죽든 굶어죽든 상관하지 말라는 말씀이 아니라 불 생각 밥 생각이 전혀 일어나지 않을 정도로 간절하게 기도하라는 뜻이다. 13세기 회교 시인으로 세상 사람들에게 인생을 얘기할 때 널리 회자되는 잘랄루딘 루미의 〈여인숙〉이라는 시는 이렇게 시작한나.

인간이라는 존재는 여인숙과 같다.
매일 아침 새로운 손님이 도착한다.
기쁨, 절망, 슬픔
그리고 약간의 순간적인 깨달음 등이
예기치 않은 방문객처럼 찾아온다.

새해에 우리들에게는 매일 새로운 손님이 도착할 것이다. 찾아드는 어느 손님이든 문전박대하지 말아야 한다. 모든 손님을 맞이하고 나서 어느 순간 돌아보면 배우게 되는 깨달음이 있을 것이다. 그것은 기쁨도 절망도 영원하지 않다는 것, 오늘 기쁨의 조건이 내일 아픔으로 이어지기도 하고, 꽉 막힌 절망의 조건에서 새 길이 열리기도 한다는 깨우침이다.
살아있는 한 모든 것은 진행형이며 변하기에 무상하다는 깨달음이다. 순간에 웃고 순간에 우는 일차원적 반응에서 벗어나 좀 초연해져야겠다는 깨달음이다. 눈앞에 닥친 역경, 당장의 시련에 너무 조급해하지 말고 의연하게 대처하는 자세를 배운다면 삶은 덜 힘들 것이다. 나에게 이득으로 생겨난 일이든 또는 불이익으로 생겨난 일이든 모든 것은 무상하고 변하기 때문이다. 세상살이 많은 일에 부딪쳐도 마음이 흔들리지 않고 슬픔

없이 티끌 없이 안온한 것, 이것이 부처님께서 가르치신 살아가는 지혜이다. 이번 해에는 특별히 마두로 현신하실 관세음보살님의 위신력과 가피로 온 세상이 평안하고 만류가 행복하기를 기원한다.

청계사 수미단에서(2000)

그리움

지난 10월 20일부터 26일까지 강원도 금강산에서는 실로 오랜만에 이산가족 상봉이 열렸다. 1950년 한국전쟁이 터진 직후 남과 북에 떨어져 살며 지내오던 가족이 65년 세월이 흐르는 동안 생사를 확인하고 지정된 장소에서나마 만난 2박 3일간의 두 차례 상봉 행사.

이 자리에는 97세의 노모가 치매로 인해 72세 장남의 얼굴을 헤어질 때에야 겨우 알아보고는 "같이 안 가?"라고 물었다고 한다. 또 98세의 아버지는 두 딸을 만나 떨리는 손으로 꽃신을 신겨줬다고 한다. 그리고 1950년 전쟁이 막 터진 해에 당시 새댁이던 85세 충청도 할머니는 훈련받으러 간다며 집을 나간 후 돌아오지 않았던 85세의 남편을 만나기 위해 그때 낳은 65세 아들의 부축을 받으며 왔다고 한다. 거짓말 같은 이별들이다.

65년의 세월이 흐르는 동안 이미 많은 분들은 세상을 떠났다. 미리 알았더라면 지레 질려버렸을 삶을 견뎌낸 분들이 한 자리에 모였다. 이산가족 상봉 행사장에는 젊은 사람은 없었다. 기억에 생생한 20대의 아내도 남편도 아들딸도 오빠도 동생도 모두가 노인들이다. 이들은 그때, 세월이 흐른다는 것을 알지 못했을 것이고 그렇게 세월이 흘러도 그리움의 한은 줄어들지 않는다는 것 또한 짐작조차 못했을 것이다.

가족을 잃고 산다는 것, 고향을 가보지 못하고 산다는 것, 보고 싶은 사람을 볼 수 없는 것, 피붙이의 생사조차 알 수 없는 것만큼 큰 고통은 없다. 그런 상황으로 65년을 지내온 실향민과 이산가족은 꿈에도 계속 아른거리는 그런 가족과 고향을 자유롭게 만나는 일이 여전히 막혀있는 상황이 더욱 마음 아프고 힘들 것이다.

생명 유지에 필요한 기본 조건이 충족되고 나면 또 다른 허기로 찾아드는 것이 사랑이다. 사랑하는 대상에 가서 닿고 싶은 마음인데 그중에서도 혈육에 대한 사랑은 본능이기에 속수무책으로 강력하고 질기다. 물리학에 '양자 얽힘'이라는 현상이 있다고 한다. 과거 서로 상호작용했던 전자와 같은 작은 입자들은 멀리 떨어진 후에도 서로의 상태에 영향을 미치며 특별한 관계를 유지한다는 이론이다. 1964년 아일랜드의 물리학자가 발표한 이론으로 아인슈타인은 인정하지 않았지만 최근 이를 입증한 한 실험 결과가 보도되었다.

일본 대수사 참배 기념(2000)

물리학에서 다루는 극미세 입자들을 상상하기는 어렵다. 하지만 그것이 사람의 마음의 입자라면 얼마나 맞는 현상인가. 한번 인연으로 얽힌 마음의 입자들은 아주 멀리 떨어진 후에도 같이 그리워하고 같이 슬퍼하며 상호작용을 한다.

한국 통일부에 상봉 신청을 한 이산가족은 총 13만여 명으로 이중 거의 절반은 이미 세상을 떠났다고 하며 남은 6만 6,488명 중 81%는 70세 이상의 고령이라고 한다. 남과 북의 정부는 '보고 싶다'는, 죽기 전에 한번 봐야겠다는 이 단순하고도 절박한 소원 앞에서 진지해져야 하겠다. 이 가을에 보고 싶은 사람들을 보며 살자. 보는 것도 살아있어야 가능한 일이다. 노부모를 형제를 친구를 볼 시간이 마냥 남아있는 것은 아니다.

용서

미국에서 있었던 실화이다. 여성만 무려 48명을 살해한 연쇄살인범이 희생자 및 실종자 가족들이 대거 참석한 역사적인 재판장에 모습을 드러냈다. 딸, 아내, 엄마 등 자신의 소중한 사람을 잃은 사람들이 돌아가면서 살인범에게 하고 싶은 말을 했다. 사람들은 대개 그 살인마를 두고 '짐승, 악마'라고 부르며 분노하고 원망했다.

그러나 살인범은 일말의 죄책감도 없는 표정으로 피해자 가족들의 눈을 떳떳하게 바라봤다. 그 모습에 사람들의 억장은 더욱 무너져갔다. 그때 딸을 잃은 백발이 성성한 한 남성이 일어나 무겁게 입을 뗐다. 그의 목소리 역시 다른 사람들처럼 슬픔으로 가득 차 있었다.

"여기 있는 모든 이들이 당신을 미워하고 있어요. 그렇지만 나는 당신을 용서합니다."

그러자 놀라운 일이 벌어졌다. 그 어떤 말에도 흔들리지 않고 떳떳하던 연쇄살인범이 그를 용서한다는 말 한마디에 울음을 터뜨린 것이다. 재판장에 있던 많은 이들은 그 모습을 보며 분노나 원망보다 훨씬 강한 용서의 힘을 느낄 수 있었다.

우리나라 영화 〈밀양〉 이야기다. 전 재산을 주고도 금액이 적다는 이유로 유괴당한 아들은 죽고 만다. 범인은 아들이 다니던 유치원 원장이었다. 슬픔과 절망에 빠진 아들의 엄마는 상처받은 영혼들을 위한 기도회라는 기독교 행사에 가게 된다. 그리고 잠시 동안은 마음의 안정을 얻는 듯했다. 하나님을 믿게 된 것이고 심지어는 자기 아들을 죽인 유괴범에게 용서한다는 말을 하러 그와 면회를 한다. 그런데 여기서부터 문제가 생긴다. 유괴범이 자기는 이미 하나님한테 용서를 받아서 마음이 편하다는 것이다. 그녀는 충격을 받는다.

'내가 용서를 하기 전에 하나님께 용서를 받아?'

'나는 아들이 죽고 나서 그렇게 괴로웠는데 살인자는 용서받아서 편해?'

인간이 하기 가장 어려운 일 가운데 하나가 용서하는 일이다. 머리로는 알면서도 실천이 어려운 것이 용서다. 용서는 누구를 위해서 하는 것인가. 영화 〈밀양〉에서처럼 가족을 잃는 참극은 극히 예외적이지만, 용서할 수 없는 어떤 일, 어떤 대상 때문에 고통받으며 고통을 삭이며 사는 것이 우리의 일상이다.

용서할 수 없는 부당한 일을 당했을 때 당장 찾아드는 것은 분노이다. 분노는 제때 해소되지 않고 쌓이면 독이 되어 몸과 마음에 병을 만든다. 용서할 수 없는 누군가 때문에, 그에 대한 분노 때문에 스스로의 삶이 지옥이 되곤 한다. 진정으로 용서할 때 독이 제거되어 마음의 평안을 찾게 된다. 그래서 분노는 번뇌고 용서는 자비이다.

저 원수를 보되
부모와 같이 섬겨라.

이것은 《원각경圓覺經》에 있는 말씀이다. 귀한 사람이나 천한 사람, 노인이나 어린이나 모두 다 부처님같이 섬기고 나를 가장 해롭게 하는 사람을 부모같이 섬겨야 한다는 가르침이다. 용서는 마음속에 쌓인 분노와 배신감, 실망을 털어내는 작업이다. 한 해를 보내는 이즈음 용서로서 마음의 대청소가 필요하다.

부자가 되라

부처님 살아계실 당시, 기원정사를 지어 부처님께 시주한 수닷타 장자가 부처님께 평범한 신도가 얻을 수 있는 행복에 대해서 말씀해주실 것을 청한 적이 있다. 이에 부처님은 네 가지 행복이 있다고 하셨다.

첫째는 '이익락利益樂'인데 바른 직업과 행동을 통해 정당하게 얻는 재물의 이익에서 오는 즐거움을 말한다.

둘째는 '수용락受用樂'인데 이는 내 자신을 비롯해 친지와 이웃을 위해 재물을 사용할 때의 즐거움을 말한다. 자신이 정당하게 얻은 재물을 자신과 이웃을 위해 베풀며 쓸 때 느끼는 즐거움이 있다는 것이다.

셋째는 '무채락無債樂'으로, 빚이 없는 즐거움을 뜻한다. 적은 월급을 받아도 빚이 없는 사람은 부자다. 반면에 떵떵거리면서 살지만 빚이 많으면 그로 인한 고뇌에 시달리기도 한다.

넷째는 허물이 없는 즐거움을 뜻하는 '무과락無過樂'이다. 신구의 삼업을 통틀어 허물이 없는 사람이 진정으로 행복한 사람이라는 뜻이다. 우리가 오계를 잘 지키면 허물이 없는 즐거움인 무과락을 즐길 수 있다.

오늘날 세계는 경제 위기에서 회복하지 못하고 헤매고 있다. 과거에는 경기가 침체하면 회복하는 시기가 있었는데 지금은 침체하면 회복하지 못하고 침체가 지속된다. 일본은 잃어버린 10년 뒤에 다시 침체기가 오자 이제는 잃어버린 20년이라는 표현을 사용하고 있다. 과거와 같은 고성장의 시대는 가고 저성장이 정상인 시대가 왔다.

부처님은 생로병사의 고통에서 벗어나기 위해 출가하셨다. 그리고 《금색왕경》에서 가난으로 인한 고통이 죽음으로 인한 고통보다 더 크다고 하며 돈으로 고통받는 사람들에게 해법을 제시해주셨다. 돈을 많이 벌라고 하신 것이다.

한 일본인이 자신의 가난을 한탄하며 스님에게 상담해야겠다고 생각하여 근처 절을 찾았다. 그런데 그 스님은 딱히 조언할 것은 없고 다만 불교에는 걸음을 걸을 때 자기 발밑을 잘 쳐다보라는 말이 있는데 해줄 말은 그것밖에 없다고 했다. 사실 그것은 '조고각하照顧脚下'라는 발밑을 쳐다보라는 뜻의 화두를 일러준 것이다.

그는 스님의 말대로 발밑을 쳐다보며 절을 내려왔다. 그런데 그곳은 돼지를 많이 키우는 동네여서 길 여기저기에 돼지 뼈가 쌓여 있는 것이 보였다. 집에 와서 차를 마시며 찻잔을 보다가 문득 돼지 뼈를 넣은 도자기를 만들고자 하는 생각이 떠올랐다. 흔히 커피잔으로 쓰는 본차이나(bone china)는 도자기를 구울 때 뼈를 넣어 만든 것이다. 그 일본인은 돼지 뼈를 넣어 도자기를 만드는 데 성공했고 많은 돈을 벌었다고 한다. 스님한테 들은 조금은 엉뚱한 대답을 금과옥조로 여기고 실행에 옮기다 보니 결국 부자가 된 것이다.

온 세상이 궁핍에서 벗어나고 가난을 없애는 것은 부처님이 원하는 바이며 그래서 '법재法財로 가난을 구제한다'는 말도 하셨다. 법재란 부처님 말씀, 가르침을 뜻한다. 부처님 말씀을 가만히 들어보면 그 안에 돈을 버는 방법도 들어 있다.

성공의 가격표

공무원시험 준비 중이던 26세 청년이 광주의 한 아파트 20층에서 투신자살을 했는데, 마침 야근을 한 뒤 귀가하던 40세 공무원의 머리 위를 덮치면서 두 사람 모두 사망했다.

팔팔한 20대 청년이 취직시험 스트레스에 짓눌려 자기 생명을 끊은 것도 비극이지만, 성실한 공무원이 만삭의 아내와 6살 난 어린 아들과 함께 아파트 현관으로 들어가려던 길에 이들이 보는 앞에서 변을 당한 것은 뭐라 설명을 할 수 없는 비극이다. 집으로 향하던 그의 발걸음이 한 발짝만 빨랐어도, 그곳을 1초만 늦게 지나갔어도, 당하지 않았을 참변이었다. 극심한 청년실업 문제의 불똥이 마른하늘의 날벼락처럼 날아들어 생면부지 한 가족의 운명을 송두리째 파괴해버렸다.

사회 구성원 모두는 연결된 존재, 낯모르는 누군가의 불행이 언제 어떤 형태로 영향을 미칠지 모르는 유기체적 관계 속에 살고 있다는 사실을 새삼 깨닫게 한다. 《화엄경》에서 부처님은 환경과 인간이 서로 통해 있음에 대하여 이렇게 설했다.

살아있는 모든 것은
한 생명체로 통한다.
한 생명체는
모든 살아있는 존재로 통한다.

진정으로 끊임없이 만나고 통하고 엮이는 연결된 존재임을 알 수 있다. 청년의 자살 소식을 들으니 한 신도의 아들이 떠올랐다. 그분의 아들은 공무원시험 준비로 청춘을 다 보냈다. 20대 중반에 5급 시험 준비를 시작해 몇 번 실패하자 7급으로 낮췄지만 아직 합격하지 못했다. 시험공부 10년에 나이는 어느덧 30대 중반. 한창 생명력 넘쳐야 할 시기를 햇빛도 들지 않는 고시원 방구석에서 썩혔다. 그 내면이 온전할까 싶다.

공무원시험에 매달리는 공시 준비생은 40만 명이 넘는다고 한다. 공무원이 돼야 먹고 산다는 생각에 적성, 꿈 상관없이 우르르 몰려들어 몇 년씩 젊음을 저당 잡히는 것은 더 이상 개인 차원의 문제가 아니다. 사회의 문제이다. 가치 전도의 문제이다.

19세기 덴마크의 철학자 키르케고르(S. Kierkegaard, 1813~1855)는 당대의 가치 전도 현상을 지적하기 위해 두 도둑의 비유를 말했다. 한밤중에 도둑들이 보석상 안에 몰래 들어갔다. 이들은 물건은 훔치지 않고 가격표만 바꿔 놓았다. 귀한 보석들에 싼 가격표, 싸구려 보석들에 비싼 가격표를 붙였다. 그런데 이후 몇 주가 지나도록 아무도 그 사실을 알아채지 못했다는 것이다. 사람들은 가격표만 보고 가치 없는 것을 비싸게 사고, 가치 있는 것을 싸구려로 거래했다.

우리 사회에서 성공의 '가격표'가 뒤바뀌었다. 기쁨, 행복, 의미 같은 본래적 가치가 아니라 돈, 명예, 권력 같은 도구적 가치를 기준으로 성공의 가격표가 매겨져 있다. 연봉이 성공의 기준이 되니 고소득 직업이 인생의 목표가 되고, 그 앞에서 수많은 청춘이 시들어간다.

건강한 몸을 갖고도 생명력 한번 발산하지 못하는 삶이 있고 팔 하나가 없어도 생명체로서의 기쁨을 만끽하는 삶이 있다. '가격표'에 의심을 제기할 필요가 있다. 내면에서 솟아오르는 즐거움과 보람을 성공의 기준으로 삼는다면, 그렇게 성공의 가격표를 다시 단다면 세상은 훨씬 살만해질 것이다.

방한한 부시 미국 대통령과 함께(2005)

괜찮아, 넌 잘하고 있어

포기하지 마라.
좌절하지 마라.
경쟁에서 이겨라.
저는 이런 말 하고 싶지 않아요.
좌절할 수도
포기할 수도 있죠.
경쟁에서 질 수도 있습니다.
저도 뭐 지는 데 익숙한 선수인데…
대신에 이런 말 하고 싶습니다.
괜찮아, 넌 잘하고 있어.
지금 우리는 지나친 경쟁 속에 살고 있는 건 아닐까요?

항상 긴장감 속에서 경쟁에 익숙한 프로 바둑기사 이세돌 9

단의 공익광고 문구가 마음에 와닿는다. 사람의 머리로는 세계 정상급에 있으면서도 미지의 존재와 겨루는 것을 마다하지 않았던 한 인간의 고백과도 같은 이 문구는 우리 사회의 지나친 경쟁문화 속에서 지치고 상처받은 이들에게 위로와 공감의 메시지를 전해주고 있다. 이세돌 9단은 이 공익광고 취지에 크게 공감해서 모델료도 받지 않고 출연했다고 전해진다.

우리 사회는 지나치게 경쟁을 조장해왔다. 성적에 등수를 매김으로써 무엇이든 남과 비교하는 것에 길들여져 왔다. 이른바 의사, 변호사, 교수가 되는 것이 돈벌이도 좋고 대접을 받는다고 해서 너도 나도 그 직종에만 몰린다면 부작용이 생길 것이 뻔한 이치다. 크고 넓은 집을 소유하는 것이 그 안에 사는 사람의 행복까지 보장해준다면 삶이라는 것이 얼마나 단순해질까.

그러나 행복은 그렇게 눈에 보이는 잣대로 잴 수 있는 것이 아니다. 고급차를 굴리는 것이 곧 행복의 바퀴를 굴리는 것일 수 없고, 높은 지위에 오르는 것이 고매한 인격을 상징하는 것일 수 없다. 남들의 부러움을 살 만한 부와 지위를 갖추고 있다고 해서 내 인생의 골밀도가 충실해지는 것은 결코 아니다. 성적이 앞서 나가면 그만큼 남들의 인정과 칭찬을 받는 풍토 속에서 자란 아이들이 어른이 된다고 해서 하루아침에 달라질 리 없다.

눈금으로 잴 수 없는 삶에 대한 보람과 충만감에는 눈길 한

번 주지 않고 눈에 보이는 성과물을 저울질하고 비교하면서 남 흉내 내기에만 열중한다면 정작 자신의 행복은 실종된다.

남이 가리켜 보이는 방향에 따라 남이 하는 대로만 따라하는 삶은 늙고 병들면 '이게 도대체 무엇인가?' 하는 크나큰 물음에 직면해야 하고 그때가 되면 남이 하는 대로만 따라할 수가 없게 된다.

이제는 시선을 내 안으로 돌려야 한다. 남 흉내 내기에서 벗어나 주체적인 삶을 살아야 한다. 부처님은 자기 성찰을 말씀하셨다. 남의 거울에 비춰보지 말고 제 마음의 거울에 비춰 보라고 하셨다. 헐떡이는 망념을 쉬고 조용히 내 마음의 거울에 되돌려 비춰보라는 것이다.

내 생각과 느낌과 언행의 모든 것, 심지어 숨 쉬는 일까지도 스스로 거울에 비추어보는 것이야말로 나 자신의 삶을 온전히 찾는 첫걸음이다. 그것이 바로 거품같은 인생, 남의 발뒤꿈치를 따라 사는 인생이 아닌 참다운 삶, 참나와 더불어 사는 삶을 회복하는 지름길이다.

포용과 통합

'촛불'과 '태극기' 민심을 동시에 싣고 출범한 새 정부는 혼란보다 안정, 배척보다는 포용과 협치를 택하고, 분열이 아닌 통합으로 한 걸음 전진해야 한다는 과제를 안고 있다. 새 정부는 극단의 대립 정치를 끝내야 하는 사명을 짊어진다. 건전한 사회란 서로가 나와 다른 상대를 인격체로 인정하고 그의 개성이나 취향을 인정하며 공존하는 공동체이다.

그런데 우리 사회는 언제부터인가 자신의 영역에서 벗어나거나 취향에 맞지 않으면 배척하는 경향이 생겼다. 사사건건 자신의 생각과 다르다고 적대시하고 무시하기조차 한다. 내 생각과 다른 사람이 있을 수 있다는 사실을 인정하지 않는 것이다. 모든 논리를 흑백논리화 하여 상대를 공격하고 배척한다.

문화·예술계에서조차 진보와 보수 진영으로 나뉘어 대립과 갈등을 반복한다. 서로 이해하려는 자세가 다양성을 존중하는 더욱 발전된 사회로 나가는 길이다. 기원전 4세기경 중국은 전국시대였다. 패권 다툼이 치열하던 당시, 군주들은 학자들을 초빙해 고견을 듣곤 했다. 위나라 혜왕이 맹자를 초빙해 '장차 이 나라를 이롭게 할 방도'를 물었다. "왕께서는 어찌 이利를 말하십니까? 오직 인仁과 의義가 있을 따름입니다. 이로움만 추구하면 남의 것을 모두 빼앗기 전까지 만족할 수 없을 것이고, 위로부터 아래까지 저마다 이익만 생각하면 결국 나라가 위태로워질 것입니다." 왕은 받아들이지 못했다. 당장의 부국강병이 급하던 왕에게 '의'는 너무 멀었다.

미국 대통령 트럼프는 '미국을 다시 위대하게' 하겠다면서 '우리만' 잘살면 된다며 철저하게 '이'만 추구하는 모양새다. 인도주의 정신으로 지구촌을 두루 살피던 '인'과 '의'의 너그러움은 사라지고, 당장의 이익만 챙기는 미국으로 바뀌고 있다. 이에 대해서는 세계 최고 갑부이며 미국 전체 자선재단의 40%가량을 차지하는 자선활동가 빌 게이츠가 우려를 표했다고 한다.

대외 원조를 통해 개발도상국의 위생 환경을 개선하고 경제 발전을 돕는 것은 1차적으로 그들 국가를 위한 것이지만 결과적으로 미국을 위한 길이라고 그는 주장한다. 서아프리카에서 시작된 에볼라가 미국으로 건너올 수 있고, 중동 어느 지역의 불안정이 전쟁으로 이어져 미국 군인들이 죽을 수 있는 것이 지구촌 현실이기 때문이다. 국가 예산의 1%도 안 되는 대외 지원 예산을 아끼는 것보다 빈곤과 전염병 퇴치로 세계의 안정을 도모하는 것이 훨씬 국익에 도움이 된다는 것이다.

이것이 있으므로 저것이 있고,
이것이 생기므로 저것이 생긴다.
이것이 없으므로 저것이 없고,
이것이 멸하므로 저것이 멸한다.

부처님 가르침의 핵심 중의 핵심이다. 부처님은 나를 비롯한 생명계는 우주 자연과 무한연기의 그물과 같이 서로 연결되어 의존돼 생겨나고 변화하고 소멸한다고 일깨우셨다.

우주 안의 모든 존재는 상관 속에 연결되어 있고 특히 생각을 표현하는 말과 행동은 다른 사람과 자연과의 상관에서 생긴다. 진실이나 현실은 타인과 자연과의 상관되어 공유된 경험과 과정을 통해 함께 만들어가는 것이다.

백년해로

인간에게 가장 중요한 사건은 태어남과 죽음, 그리고 그 중간에 결혼이 있다. 부모 슬하에서 자라 성년이 되면 스스로 가정을 이루고 부모가 되는 억겁의 연결고리로 인류 역사는 진행되어 왔다. 그 흐름에 무조건 순종하지는 않겠다는 흐름이 형성되고 있다. 우리 삶의 축이 되는 전통 혹은 제도 가운데 결혼처럼 급속한 변화를 겪는 것도 없다. 21세기로 불리는 2000년대 들어서며 새로운 풍조들이 마구 생겨나고 있다.

  과거 성인은 결혼한 사람과 못한 사람으로 나뉘었다. 기혼과 미혼이다. 그리고 이따금 이혼이 있었다. 결혼이 필수가 아니라 선택이 된 지금은 기혼과, 결혼하지 못했거나 안 한 상태들을 모두 아우르는 비혼非婚으로 나뉜다. 미혼, 이혼이나 사별 등의 이유인 1인 가구는 계속 늘어나는 추세이다.

  2015년 기준 한국에서 1인 가구는 27%, 20~30대 젊은 층에서는 절반 이상(52.8%)이 혼자 사는 것으로 나타났다. 또 비혼 풍조를 뚫고 결혼을 한다 해도 절반의 성공일 뿐이다. 결혼 두 건 중 한 건은 이혼으로 끝난다. 결혼 생활 수십 년이라고 안심할 수도 없다. 황혼 이혼이 늘고 있다. 서울의 황혼 이혼은 27%로 25%의 신혼 이혼을 앞지른 지 5년째다. 50~60대 남녀 절반이 남은 인생은 나를 위해 살겠다고 한 여론조사도 있다.

이혼보다는 낫다며 졸혼卒婚이라는 새로운 형태의 부부 관계도 등장했다. 법적으로는 혼인 관계를 유지하면서 부부 합의 아래 각자의 삶을 산다는 개념이다. 졸혼이 2000년대 일본에서 나온 풍조라면 비슷한 시기 미국에서는 결혼 안식년이란 말이 등장했다. 결혼 생활을 잠시 접고 자신만의 삶을 누림으로써 재충전의 기회를 갖는다는 발상이다. 그런 '안식'의 과정을 통해 배우자와 가정의 가치를 더 확실하게 깨닫게 된다는 것이다. 비혼, 졸혼, 안식년… 이 모두가 하는 말은 무엇인가.

남녀가 만나 평생을 같이 산다는 것은 어려운 일, 평균 기대수명이 백세 시대로 고령화되면서 '백년해로百年偕老'를 다짐했고 다짐받았던 부부라는 인연의 무게를 생각하게 하는 시점이다. 부부나 가족은 너무 가깝기에 서로의 기대도 크기 마련이다. 그래서 도리어 상처를 줄 수 있다. 결혼은 부부가 함께 세월을 섞어 빚어내는 일생의 작품 같은 것이다.

불교의 연기사상에 따르면 남편과 부인은 서로 연기의 대상

덕민·관우 스님과 함께

이 될 수 있다. 부인은 남편의 연을 만나야 가정을 이루고 남편도 부인의 연을 만나야 가정을 이룰 수 있다는 원리이다. 이 원리가 존중받아야 할 점이다. 혹 부부는 서로의 세계를 존중하고 깊은 관심을 가지고 서로 도움으로서 두 사람의 세계가 자연스럽게 하나되는 관계로 발전한다. 불교의 연기사상을 바르게 이해하고 실천할 때 '검은 머리 파뿌리가 되도록 사랑하며 살라'는 백년해로가 가능하다.

밧줄 추락사

경남 양산의 고층아파트에서 작업하던 근로자가 추락사했다. 천 길 낭떠러지 같은 건물 외벽에서 밧줄에 의지해 도색작업을 하던 근로자는 공포심을 잊으려고 음악을 크게 틀어놓았는데, 그 소리가 시끄럽다며 한 주민이 옥상에서 칼로 밧줄을 끊어버렸다. 밧줄 하나에 매달려있던 그와, 가장인 그에게 의지하던 가족의 삶은 산산조각이 났다. 떨어지는 그를 받쳐줄 안전망은 없었다.

우리 대부분의 삶도 궁극적으로는 다르지 않다. 밧줄 하나에 매달려 불안하게 살고 있다. 압축성장과 더불어 지나친 경쟁 일변도 속에서 언젠가부터 우리의 삶은 처절해지기 시작했다. 대학을 졸업한 청년들은 일자리를 구하려고 발버둥치지만 그 문턱을 넘어서는 것이 쉽지 않다. 우울과 절망뿐이다. 30대 취업준비생이 자취방에서 숨진 뒤 닷새 만에 발견되기도 했다.

어렵게 취업을 하게 되면 또 어떤가. 성과만을 내세우는 기업의 직장인은 중압감과 스트레스 속에서 일과 생활의 균형을 기대하기는 어려운 상황이다. 과도한 업무만으로도 이미 몸과 마음은 피폐해졌건만, 내 밧줄을 쥐고 흔드는 이들의 존재는 더욱 고통을 가중시킨다. 안간힘을 다해 밧줄에 매달려보지만, 위에서 밧줄을 흔들 때면 속절없이 흔들릴 뿐이다.

높은 저 위에서 누군가 예고도 없이 밧줄을 잘라버릴지도 모른다는 불안도 느낀다. 때로는 밧줄을 붙들고 있는 손을 나도 모르게 놓아버릴 것 같기도 하다. 이렇게 우리는 저마다의 밧줄을 쥐고 살아간다. 너무나도 고통스러울 때에는 놓아버리고 싶고, 도망가버리고 싶다. 그러나 밧줄에 함께 매달려 있는 가족들을 생각하면 그마저도 쉽지 않다. 자칫하면 사랑하는 이들과 함께 나락으로 떨어져버릴 것만 같은 불안감에, 힘들지만 오늘도 밧줄을 잘 잡고 있어야 한다며 마음까지 함께 다잡게 된다. 가족을 잃은 아픔은 누구에게나 크지만 양산 가족이 느꼈을 절망감을 짐작하면 마음이 아프고 또 안타깝다.

불교에서 보면 이 우주 전체는 다차원적으로 연결되어 있어 상대가 바로 나이고 우주 전체가 곧 나를 살게 하는 중중 무진의 무한 상생 관계이다. 즉 연기법을 설하고 있다. 내가 곧 너이고 네가 곧 나이며, 내가 곧 우주이고 곧 나일 수밖에 없는 동체적인 한 생명이다.

이처럼 연기되어진 모든 것들은 서로가 서로를 살려주고 서로가 서로의 존재 기반이 되는 한 몸, 한 생명인 것이다. 온 우주법계가 한 몸이라는 큰 자비로 바로 동체대비同體大悲의 참모습이다.

안전망이 부실한 사회에서 보시행, 자비로운 나눔을 실천하는 것이 우리 사회의 안전망이 될 것이다. 이는 궁극적으로 연기법을 실천하고 연기를 깨닫게 하는 중요한 요소이다. 그래서 아찔한 외벽의 두려움을 이기기 위해서 음악을 틀어도 이해하는 이웃이 된다. 밧줄이 끊기더라도, 밧줄을 놓치더라도 다시 손을 잡아주고 다시 올라올 수 있도록 도와주는 세상이 된다.

보수와 진보

날아가는 새에게 중요한 것은 오른쪽, 왼쪽 날개가 모두 온전히 제 기능을 하는 것이다. 민주주의는 자유와 평등의 가치를 바탕으로 인간 존엄을 실현하는 최고의 정치 이념이다. 자유와 평등이 서로 균형을 이룰 때 인간 존엄은 실현된다. 마찬가지로 자유를 더 강조하는 우파(보수) 정당과 평등을 더 강조하는 좌파(진보) 정당은 모두 민주 정치에서 중요한 역할을 한다. 좌파와 우파 즉 보수와 진보가 서로 견제하고 균형을 이룰 때 민주 정치는 발전한다.

보수란 무엇인가. 전통을 존중하고, 인간 조건의 개선을 위한 정부의 개입에 반대하고, 개인적 자유를 존중하는 것을 의미한다. 반평등주의를 지지하고 변화를 싫어하는 것이 그 단점이다. 진보란 보수와 반대이다. 개인적 자유의 존중보다는 평등을 지지하고, 전통 유지보다는 개혁을 원하고, 인간 조건의 개선을 위한 정부의 개입에 적극 찬성한다. 개혁이 지나치면 사회가 불안해지는 것이 진보의 취약점이다.

지금 세계에서 진보의 바람이 부는 나라는 주로 우리나라와 이란이다. 새 정부가 발표하는 요즘의 정책들은 모두 진보 냄새가 물씬한 것들이다. 그리고 이란은 핵을 폐기하고 미국에 문호를 개방하고 심지어 이슬람 전통인 여성들의 히잡 자유화까지 검토하고 있다. 반면 미국 대통령 트럼프, 러시아 대통령 푸틴, 중국의 시진핑 주석, 일본의 아베 총리는 우파 정도가 아니라 극우에 속하는 것으로 비춰지고 있다. 나머지 국가들 특히 진보의 상징이었던 유럽마저 보수주의와 우파 집권의 바람이 불고 있다.

정치권에서 정당들이 정책을 놓고 의견을 교환하고 서로 토론하고 정쟁을 벌이는 것은 민주 정치 발전을 위해 당연한 일이다. 국민을 위해 제대로 경쟁을 하고 있다면 그것은 정당이 제 역할을 잘 하고 있다는 것이다.

우리 역사상 가장 현군으로 칭송받는 세종대왕이 그렸던 이상적인 조선의 이미지는 점진적이고 안정적인 발전을 추구하는 깊음, 즉 〈용비어천가〉에서 직설한 뿌리가 깊어서 뽑히지 않은 나무, 어떤 경우에도 마르지 않는 깊은 샘이었다. 아무리 혹독한 시련의 바람이 불고 가뭄이 계속되어도 존재의 근본이 바르고 깊으면 염려할 것이 없다는 지론이 세종대왕의 국가관이었다. 세종대왕은 집현전에서 학사들에게 도덕적이고, 청렴하며 군왕의 잘못된 사관이나 불의에 목숨을 걸고 진언하는 선비가 되도록 했다. 세종대왕은 선비들에게 군자는 덕을 생각할 때 소인은 자신의 이익만을 탐한다고 하며 소탐을 경계했다.

한편 프랑스의 문인 앙드레 말로가 "모든 프랑스인들은 과거에 드골주의자였거나, 현재 드골주의자이거나, 미래에 드골주의자가 될 것이다"라고 칭송했듯이 프랑스인에게 탁월한 지도자로 존경받는 드골 대통령은 정직과 변화를 통한 애국주의자이다. 드골은 인구 200명의 작은 고향 마을 평민 묘지에 묻히고 기념비도 못 세우게 했다. 진보(좌파) 정당과 보수(우파) 정당 중 누가 옳다고 판단하기 전에 국민들의 다양한 생각과 바람을 정치에 잘 반영해줄 좌파와 우파 위에 존재한 정당이 있는가를 먼저 생각해봐야 한다.

제三장 施無盡供

끝이 없는 공양을 베풀며

大弓堂 宗常 法語集 無孔笛

의무와 도리

2,500년 전쯤 중국에서 구슬은 귀한 물건이었을 것이다. 그 시대의 시들을 모은 책인《시경詩經》〈소아小雅〉편에서 '농장지경弄璋之慶'이라는 말이 있다. 직역하면 '구슬을 가지고 노는 경사'라는 뜻으로 아들을 얻은 기쁨을 의미한다. 당시 중국인들은 아들이 태어나면 손에 구슬을 쥐어주는 풍습이 있었다고 한다. 물론 떠들썩한 잔치가 이어졌다.

반면 딸이 태어나면 포대기에 둘러 맨바닥에 누이고 손에 실패를 쥐어 주었다고 한다. 실패를 가지고 노는 기쁨, '농와지희弄瓦之喜'이다. 딸이 태어나면 농경 사회에서 흔한 실패 하나 쥐어주고 '나쁠 것도 좋을 것도 없다'며 덤덤하게 넘어갔다.

수천 년이 지나도 아들과 딸의 출생을 맞는 풍경이 불과 몇십 년 전 우리 사회나 그다지 다르지 않다. 그런데 최근에는 바뀌고 있다. 최근 육아정책연구소는 한국 사회에서 아들보다 딸을 선호하는 경향이 있다는 발표를 했다. 그런데 왜 갑자기 딸들의 인기가 높아진 걸까?

　기본적으로 자녀를 보는 시각이 바뀌었다. 자녀는 두 가지 가치를 갖는다. 대를 잇고 노후의 자신을 돌볼 존재로서의 도구적 가치, 그리고 기쁨과 사랑의 대상이 되고 가족의 화목을 더해주는 정서적 가치이다. 전통적 가부장 사회에서 자녀는 도구적 가치의 비중이 컸던 반면 지금 부모들은 정서적 가치에 의미를 둔다.

　세상이 바뀌고 있다. 그러나 결국 그 지향점은 부처님이 설하신 《육방예경六方禮經》 속에 나타나 있다. 사람은 누구나 '관계' 속에서 살아간다는 존재 방식 때문이다. '나'는 누군가의 아버지 혹은 어머니이고 또는 아들 혹은 딸이다. 궁극적으로 이런 관계를 원만하게 하는 기본 덕목으로 《육방예경》은 내 할 도리와 의무부터 챙기라고 일깨우고 있다. 남 탓하거나 상대에게 기대하기 전에 우선 '나'부터 상대를 존중하고 아끼고 사랑해야 하는 것이다.

　즉 아들이냐 딸이냐의 우열을 가리기보다 자신에 대한 공경, 제 위치에 대한 자부심부터 우뚝 서야 한다. 부모는 부모답게 자식은 자식답게 자기 의무와 도리를 다해야 시시때때로 돌아가는 인연 따라 예배의 참뜻을 실현해낼 수 있기 때문이다.

지금 이 순간의 삶

추석이 지나면서 주위에서 "어느새 올해가 다 가고 있다!"는 말들을 많이 한다. 시간이 너무 빠르다는 말이다. 눈에 띄는 성과나 기억에 남는 멋진 날이 있는 사람은 행복하다. 그보다는 종종걸음 치며 바쁘게, 끊임없이 속 끓이며 살았다는 기억뿐 딱히 떠오르는 게 없는 경우가 대부분일 것이다. 걱정, 근심, 불안에 떠밀려 한 순간도 온전하게 시간의 주인으로 살지 못한 결과이다.

캐나다 토론토 의과대학의 한 교수가 연구한 자동차 차선 변경과 수명의 상관관계 결과가 관심을 끈다. 차선을 자주 바꾸면 교통사고 위험이 세 배나 높다는 것이 연구 결과였다. 운전자들이 차선을 바꾸는 이유는 항상 옆 차선이 더 빠른 것처럼 보이기 때문이라고 그는 설명한다. 옆 차선 차들이 앞지르는 것 같아 차선을 바꾸면 그때는 또 원래 차선이 더 빠른 것 같은 경험을 누구나 한다. 차선에 따른 속도 차이는 별로 없고 사고 위험만 높아진다는 것이 그의 결론이다.

운전 중 행여 뒤처질까 안달하며 차선을 바꾸고 또 바꾸는 것은 우리가 삶을 살아가는 모습과 비슷하다. 마음 비우고 가나 가슴 졸이며 가나 결과는 비슷한데 걱정하느라 삶을 즐길 여유를 잃어버리는 것이다. 불안, 걱정으로 그 어떤 것도 즐기지 못한 채 한 해, 한평생을 보내버리는 우리의 어리석음이다.

이 가을이 마지막 가을, 이 만남이 마지막 한 번 남은 만남이라 해도 이렇게 낭비를 하게 될까? 내가 잘 아는 50대 보살이 있다. 그는 30대 초반이던 1988년 유방암 진단을 받았다. 그리고 5년 후인 1993년 1월 4기 진단을 받았다. 4기란 암이 다른 장기로 전이되어 더 이상 손쓸 방도가 없다는 의미이다. 의사는 2년 반 정도 살 수 있을 것이라고 말했다.

하지만 아주 예외적인 일이 일어났다. 암이 더 심해지지만 않도록 다스리며 한 해 두 해 살다보니 이제껏 살고 있다. 근 20년을 그는 당장 내일이라도 죽을 수 있는 불확실성 속에서 살아왔다. 그런데 지나고 보니 불확실성이 꼭 나쁜 건 아니더라고 그는 말한다.

오늘이 마지막일지 모르니 순간순간을 최대한 음미하며 살게 된 것이다. 하고 싶은 일을 내일 걱정 없이 과감하게 하며 살게 된 것이다. 또한 신심은 한층 더 깊어지더라는 것이다. 암을 몸 안에 안은 채 그는 부처님 성지를 참배하겠다고 인도에 가서 6개월을 살기도 했다.

살 날이 얼마 남지 않았다고 생각했을 때 사람들이 갖고 싶은 것은 거창한 게 아니라고 한다. 가장 갖고 싶은 것은 일상의 삶이라고 한다. 가족들과 모여 식사하고 웃고 친구들과 어울리는 그런 평범한 일상이다. 우리가 당연시 하는 일상이다. 불확실성은 암 환자뿐 아니라 우리 모두의 운명이다. 확실한 건 지금 이 순간뿐이다. 걱정을 내려놓고 오늘 지금 이 순간을 온전하게 살아야 올해가 가기 전에 인생의 추억 하나라도 만들 수 있을 것이다.

신계사에서 법장 스님과 함께

기적의 통로

칠레 광부 33명이 전 세계인들의 영웅이 되어 매몰된 지 69일 만에 세상으로 걸어 나왔다. 땅 밑으로 약 700m, 아득한 '지하 감옥'을 뒤로하고 사랑하는 사람들 곁으로 돌아왔다. 희망의 끈을 놓지 않은 그들의 강인한 의지, 첨단 테크놀로지를 동원한 완벽한 구출 작전이 기적을 이뤄냈다.

지금은 모두 추억담이 되었지만, 지난 8월 갱도가 붕괴되고 그들의 생존이 확인되기까지 17일 가까이 그들은 지옥의 시간을 살았다고 한다. 이후 그 캄캄한 절망 한가운데로 희망의 빛을 내려보내준 것은 직경 14cm의 가는 통로였다. 수천 길 암반을 뚫고 내려간 실핏줄 같이 가는 관이 지상과 지하 대피소를 연결하는 기적의 끈이 되어 음식과 약, 생필품을 내려 보내고 건강 체크며 화상 통화까지 하는 소통의 통로가 되었다.

지하의 그들에게 기어이 가서 닿으려는 마음이 통로를 뚫게 하고 결국 그들을 살려냈다. 칠레 광부의 구출 소식을 접하면서 수천 길 지하만큼이나 아득한 '의식'의 저편에 사는 사람들이 떠올랐다. 세상과 소통의 통로를 잃어버리고 캄캄한 고립 속에 갇혀 사는 사람들—의식의 갱도가 붕괴된 바로 치매 환자들이다. 외관상으로 너무도 멀쩡해서 병이라고 볼 수 없을 정도이지만, 그들의 의식은 너무도 멀리 동떨어져 도저히 소통이 되지 않아 가장 무섭다고 하는 병, 환자 자신이 병에 걸린 것조차 인식하지 못하는 잔인한 병 치매는 현대 의학도 그 원인을 규명하지 못하고 있는 몹쓸 병이다.

요즘 치매 환자들이 늘고 있다고 한다. 뇌신경이 병드는 노인성 치매뿐만 아니라 핏줄 막힘으로 인한 젊은 치매 환자까지 가세하고 있는 추세라는 것이다. 치매에 대해서 정부 차원의 치료 예방적 지원도 늘고 있다고 한다. 대부분 노인성 치매라 그 환자들은 바로 우리 어머니이고 아버지들이다. 삶의 긴 여정 속에서도 오직 하나, 자식들을 염려하는 그 마음의 끈을 놓지 못하는 우리의 부모님들이다. 힘들었던 평생의 삶을 떨구어버리지 못하고 치매라는 또 다른 삶을 살아가는 것이다.

몸은 눈앞에 있지만 그들의 의식은 어디를 헤매고 있는지, 매몰 광부들 찾기 만큼이나 아득하기만 하다. 하지만 기어이 가서 닿으려는 마음이 있으면 그들의 의식에도 가서 닿을 수가 있을 것이라는 생각이 든다. 그러기 위해서는 알 수 없는 치매

환자들의 의식 세계에 '내가 가서 마침내 닿아야겠다'는 노력을 보여야 할 것이다. 자신이 병에 걸린 것조차 인식하지 못하기에 그들은 다가올 줄도 모르고 고집불통에 막무가내이다.

이런 환자를 외면하는 대신 그 왜곡된 내면으로 들어가는 것이다. 모든 것을 환자의 편에서 받아들이는 것이다. 환자가 "그거 네가 가져갔지?" 하면 아니라고 반박하는 대신 "그래요, 내가 다시 가져올게요" 하는 식이다. 사랑으로 성심껏 보살피면 치매로 매몰된 의식의 갱도가 뚫리고 소통이 가능해진다. 모든 인연의 완성은 이런 완벽한 소통이 아닐까. 기어이 가서 닿으려 하면 결국은 닿는다.

쓰나미

쓰나미(津波)는 일본 말이다. 그 말이 세계의 공식 용어가 된 것은 그만큼 일본에는 지진과 쓰나미가 많았던 까닭이다. 지금까지의 기록적인 지진들은 발원지의 지역민들이 겪는 지진이요 연해안 주민만이 당하는 쓰나미였지만 해안선을 통째로 옮겨놓았다는 이번 지진은 일본 열도 전체를 흔들었다.

나아가 일본만의 일이 아니다. 이번 지진은 지구의 축도 2.5 cm나 기울게 했다고 한다. 인간 문명 전체의 한계와 그 임계점을 드러낸 것이다. 인간의 문명 시스템을 바꾸지 않고서는 이 지구상에서 생존하기 어렵게 된 것이다. 산처럼 무너지는 검은 파도가 덮칠 때 일본인들은 정쟁을 멈췄다. 도쿄전력이 전후 처음으로 제한 송전을 하게 되자 피해 지역에 우선적으로 송전하도록 시민들은 일제히 자기 집 전선 플러그를 뽑았다고 한다.

또 지진이 일어난 슈퍼마켓의 현장에서 물건을 훔쳐가기는 커녕 자신이 들고 있는 물건 값을 치르기 위해서 줄을 서 기다리고 있었다고 한다. 인터넷은 사람을 찾고 돕는 생존의 게시판으로 바뀌고 트위터는 이재민을 돕는 생명의 소리로 변했다. 이처럼 일본은 어느 나라보다도 지진에 대비하는 기술이 앞선 나라이다.

또 일본 국민은 어느 나라 국민보다도 재난에 대비한 훈련과 질서 의식을 갖추었다. 아무리 그런 일본인들도 이웃나라 없이 혼자서는 살아가기 힘들다. 정말 놀라운 것은 일본보다 가난한 나라들도, 일본을 미워하고 시기하던 나라들도, 멀리 떨어져 무관하게 바라보던 나라들도 일본인을 돕고 위로하기 위해서 가슴을 열었다는 사실이다.

일본은 경제대국이지만 친구가 없는 나라라고 스스로 비판해온 일본인들이다. 그러나 주변에 함께 울고 함께 상처를 씻어줄 착한 이웃들이 있다는 것을 일본인들은 그 재난 속에서 얻을 수 있었을 것이다. 목숨을 구해주는 것이 바로 내 이웃임을 우리는 알았다.

'생명애'야말로 부국강병의 이념보다 더 크다는 것을 알게 되었다. 성난 자연 앞에서 우리는 한없이 인간의 왜소함과 나약함만을 배운 것이 아니다. 인간은 이해관계로 얽혀 살고 정실로 손을 잡아 끼리끼리 살다가도 생명을 위협받을 때에는 하나로 뭉치는 힘을 자연의 재난을 통해 배우고 실천한다. 남의 불행이 나의 행복이 되고 남의 행복이 나의 불행이 되던 시대는 지났다.

새로운 문명은 '독립'도 '예속된 의존' 관계도 아닌 '상호의존 관계'의 생명공동체적 시스템에서 탄생할 것이다. 일본을 강타한 지진이 태평양 연안의 모든 나라에 쓰나미의 위험을 불렀듯이 그에 대응하는 생명 역시 공감과 협력의 지혜에 의해서 서로 결합되어 있다.

현대 문명의 임계점에서 우리가 살아남을 수 있는 방법은 지금 일본인들이 필요로 하는 것처럼 생명의 구제이다. 사사로운 이해관계와 정쟁과 그 많은 갈등이 생명 앞에서는 참으로 부질없는 것임을 알게 된다. 생명을 구제하는 것은 돈도 권력도 아니고 자비심이다. 생명에 대한 사랑, 자연과의 공존, 새로움과 다름에 대한 수용이다. 그것이 우리가 믿을 수 있는 유일한 자원이요 자본이다.

국경 없는 단어 '엄마'

사락사락 눈 내리 듯 조용조용 이야기를 풀어내는 작가, 신경숙 씨의 소설이 미국에서 큰 화제가 되고 있다고 한다. 2008년 가을에 출간돼 장기간 베스트셀러였던 《엄마를 부탁해》가 최근 영문판 《Please Look After Mom》으로 미국에서 판매되고 있다. 〈뉴욕타임스〉가 두 번에 걸쳐 서평을 실었고, 다른 언론과 대형 서점·출판 관련 사이트들도 줄줄이 서평을 내놓았다고 한다. 한국 문학이 좀처럼 닿지 못하던 미국 독자들의 가슴을 신경숙 씨가 가만히 헤집어 놓는 것 같아서 반갑다.

《엄마를 부탁해》는 한국적 정서가 매우 강한 작품이다. 시골 고향의 노부모, 서울로 유학 가서 자리 잡은 자녀들, 전통과 현대라는 전혀 다른 삶의 조건이 빚어내는 부모 세대와 자녀 세대 간의 괴리─한국의 숨 가쁜 산업화와 도시화 과정을 겪은 중년 세대라면 말하지 않아도 알만한 정서가 소설의 바탕을 이루고 있다.

이야기는 시골에서 올라온 엄마가 복잡한 서울 지하철역에서 실종되는 사건으로 시작된다. 항상 거기에 있었고, 영원히 거기에 있을 것으로 여겼던 엄마가 감쪽같이 사라진 사건 앞에서 가족들은 자책하고 후회하고, 엄마가 얼마나 큰 버팀목이었던지를 뼈아프게 확인한다. 엄마에 대한 무심함이 그 가족만의 일이 아니어서 독자들은 책을 덮으며 가슴 먹먹한 통증을 느낀다.

이 책을 통해 한국적인 '엄마'는 《부모은중경父母恩重經》 속의 '부모'를 확인하게 한다. 그런데 이 지극히 한국적인 '엄마'가 미국 독자들의 가슴에도 가서 닿고 있다. 자식들 입에 밥 들어가는 재미에 자기 입에 음식 들어가는 것이 아깝고, 필시 무릎 덧댄 헤진 내복 입고 있을 우리 구세대 엄마의 원초적 모성에 미국 독자들이 반응을 보이고 있다.

필시 엄마라는 말에는 국경이 없어 보인다. 하지만 현실적으로 책에는 국경이 있다. 책은 정서적 국경이 특별히 높은 상품이다. 무명작가의 책에 독자들이 무관심하듯, 한 사회에서 무명인 나라의 책에 독자들은 무관심하다. 따라서 《엄마를 부탁해》의 대중적 성과는 미국 사회가 한국의 것을 받아들일 만큼 정서적 토양이 무르익었다는 사실을 보여주는 현상이라고 할 수 있다.

80년대만 하더라도 미국 사회에 '일본'은 최고의 인기 브랜드였다 자동차 하면 도요타, 전자제품 하면 소니가 시장을 휩쓸었다. 30년이 지난 지금 한국이 서서히 그 뒤를 따라가고 있다. 80년대 첫 선보일 당시 불량 제품으로 낙인찍혀 고전했던 자동차는 해가 다르게 시장을 잠식하고, 90년대만 해도 세일 때 공짜로 끼워주던 전자제품은 최고급품으로 인정받고 있다.

상품을 통해 한국과 친숙해진 미국 대중은 이제 음식과도 가까워지고 있다. 김치, 비빔밥, 불고기, 갈비, 잡채 정도는 즐겨야 문화인 행세를 한다. 한국적인 것에 미국인들이 마음을 열기 시작했다. 한국 문학의 미국 진출은 앞으로 활발해질 것이다. 미주 한인 사회의 위상과 무관하지 않은 변화이다.

운문사 승가대학에서 법문 중에(2011)

아이들이 행복한 세상

지난 90년대 남아공에서는 난폭한 코끼리들 때문에 골치를 앓았다. 전국 공원의 코끼리들이 마구 날뛰며 코뿔소 등 다른 동물들을 죽였기 때문이다. 현장을 살핀 동물학자들은 10여 년 전 실시한 코끼리 이주 작전이 과오였다는 결론을 내렸다. 그 작전은 특정 지역에 몰려있는 코끼리를 전국 공원에 골고루 배치하기 위한 의도로 추진되었다. 당시 그 과정에서 늙은 코끼리는 빼고 어린 코끼리만 추렸는데 그들이 10대가 되면서 문제가 터진 것이다.

코끼리는 나이 많은 수컷을 우두머리로 하는 위계질서 속에 무리지어 사는 사회적 동물이다. 그런데 모두 고아가 된 어린 코끼리들이 본받을 어른 없이 저희끼리 자라다 보니 난폭한 천둥벌거숭이가 된 것이다. 이미 고대 철학자 아리스토텔레스는 인간의 아이들도 마찬가지라고 보았다. 아이들은 그 자체로 야만인이어서 분명한 지침을 주며 훈육해야 바른 시민이 된다는 것이 그의 입장이다. 도덕심도 체력처럼 훈련에 따라 길러지기 때문에 아이들의 윤리 교육은 필수라고 강조했다.

지난 연말 대구 중학생 자살 사건 이후 학교 내 폭력 예방 논의로 사회가 시끌시끌하다. 가해 학생에 대한 처벌 강화, 상담 교사 배치 등 모두가 필요한 조치들이다. 하지만 가장 근본적인 문제는 아이들이 어른의 감독 없이 방치되어 자라는 오늘날 우리 사회 현실이다. 핵가족 맞벌이 부부가 급속히 늘어나면서 아이들이 학교에서 돌아오면 집에 어른 있는 가정이 드물다. '나 홀로' 아이들이 늘어가고 있는 것이다.

그 빈 시간, 빈 집에서 무슨 일이 일어날지 아무도 모른다. 대구의 중학생도 방과 후 혼자 집에 있는 동안 아이들이 와서 괴롭힌 것이었다. 그래서 학생 자살이나 학교 폭력 문제가 단지 학교와 교사만의 책임일 수는 없다. 사회 전체가 자라나는 미래 세대를 건강하게 키워내야 한다는 공동 목표를 갖고 함께 노력하지 않으면 안 된다.

하지만 안타까운 것은, 병들어가는 청소년들과 학교 폭력 문제에 대해 우리 사회가 지속적인 관심을 갖지 않는다는 것이다. 학교 폭력이나 자살 문제가 터지면 그때서야 소위 '대책'이란 걸 이곳저곳서 제시하지만 잠깐 반짝할 뿐이다. 근본적인 원인을 찾고 문제 해결을 위한 관심이 지속적으로 이뤄지지 않은

불국사 어린이 글짓기·그리기 대회에서

채 임시방편적인 대안들이 난무하다가 마침내 언제 그랬냐는 듯이 관심에서 멀어지곤 해왔다. 그러는 사이 우리 아이들은 더 깊은 고통과 절망 속으로 빠져들어가게 된 것이다.

금오국제선원

미국 로스엔젤레스 한인타운 중심가에 세워진 '금오국제선원' 개원 및 현판식에 참석했다. '금오국제선원'은 발원한 지 8년 만에 세워진 한국 선불교의 세계화를 향한 최초의 간화선 불교 근본도량이다. '금오국제선원'이라는 이름은 한국 근세 선불교 중흥조 경허 스님의 법맥을 이은 금오金烏 스님의 법명을 따서 지었다.

그동안 해외 한국불교는 국제 포교에 원력을 세운 몇몇 스님들의 열의로 해외에 전해져온 것이 현실이다. 그러나 이제 한국 선풍은 세계화를 향한 큰 걸음을 내디뎌야 할 시점에 이르렀다. 그동안 해외 포교가 '한국 스님'들에 의지한 포교 그 자체에 급급했다면, 이제 '금오국제선원'은 본격적이고 실질적인 한국 간화선 수행 체험의 산실이 될 것이기 때문이다.

해외 포교의 정설처럼, 우선 미국 교포를 중심으로 해서 그들의 2세 3세에게 전파하고 나아가 현지 미국인들에게 다가가 가기를 바란다. 최근 종단은 '해외특별교구법'을 제정하는 등 한국불교 세계화를 위한 작업을 차근히 준비하고 있다. 국제화시대에 해외 포교는 한국불교 발전의 원동력임을 강조한다. 이에 세계의 중심인 미국 내 불교는 사실상 국제 포교의 가능성이자 실험장이다.

한국불교는 티베트, 일본 등 다른 불교 국가에 비해 가장 늦게 미국 불교 현장에 도착했다. 나는 개인적으로 늦은 것이 결코 늦은 것이 아니라고 생각한다. 인생 삶과 마찬가지로 해외 포교역시 긴 안목으로 바라볼 필요가 있다. 콩닥거리며 빨리 살다 빨리 죽는 벌새보다 느리지만, 장수하는 거북처럼 해외 포교도 꾸준히 지속적으로 그 생명력을 이어가기를 바라기 때문이다.

그 삶의 길이를 느끼기 위해 거북과 벌새를 비교한 최근 기록은 참으로 재미있다. 벌새의 평균 수명은 6~12년이고 거북의 평균 수명은 177년이라고 한다. 잠시도 쉴 틈 없이 동동거리며 사는 삶, 콩닥거리며 긴장해서 사는 삶이 마침내 건강을 해치고 수명을 단축시킨다. 그 엄청난 스트레스를 내려놓으면 느리지만 오래가는 거북처럼 장수한다. 한국불교를 세계적으로 부상시키는 일은 미래 불교의 또 다른 과제이다. 열악한 환경 속에서 투철한 신심을 불태우는 해외 포교인들에게 불자들의 조직적인 성원과 끊임없는 격려를 기대한다.

꺼지지 않는 등

석가모니 부처님께서 사위성 기원정사에 계실 때 일이다. 사위성은 당시 갠지스 강변의 강대한 국가였던 코살라국의 수도이다. 어느 날 국왕 등 많은 사람들이 부처님께 등 공양을 하였다.

그런데 난타라는 가난한 여인은 사람들이 신분에 걸맞게 부처님과 제자들에게 성대하게 공양을 올리는 모습을 보고 스스로 한탄하며 말했다. "아! 모처럼 위대한 스승을 뵙게 되었는데 나는 천하고 가난한 신분으로 태어나 아무것도 공양할 것이 없구나." 그는 슬퍼하다가 자신도 부처님께 공양을 올리겠다고 결심하여 온종일 구걸하여 돈 한 푼을 얻어 그것을 가지고 기름집으로 갔다. 한 푼어치 기름은 정말 보잘것없었으나 주인은 그의 마음을 갸륵하게 여겨 한 푼의 몇 배나 되는 기름을 담아 주었다. 난타는 등을 만들어 등불을 켜서 세상을 밝히게 된다. 이윽고 밤이 깊어 등불은 하나둘 꺼져가는데 신기하게도 난타가 밝힌 등불만은 시간이 갈수록 밝기를 더했다. 부처님 곁에서 시중들던 아난존자는 등불이 켜져 있으면 부처님께서 주무시는 데 방해될까 염려되어 불을 끄려고 했다. 손바람을 일으키고, 옷깃을 흔들어 봐도 등불은 꺼지지 않고 더욱 밝고 힘차게 타올랐다. 이것을 보신 부처님께서 아난존자에게 일렀다.

"그만 두어라, 아난아. 그 등불은 한 가난한 여인이 간절한 정성으로 켠 것이어서 너의 힘으로 그 불을 끌 수는 없을 것이다. 그 여인은 지금은 비록 가난한 모습이지만 오랜 세월이 지나 마침내 깨달음을 이루어 부처가 될 것이다."

이 이야기는 《현우경》의 〈빈녀 난타품〉에 나오는 유명한 '빈자일등貧者一燈' 이야기다. 이 경전에서 우리는 두 가지 교훈을 얻을 수 있다. 하나는 보잘것없더라도 정성스러운 보시는 가치가 매우 뛰어나다는 것이요, 다른 하나는 자신을 태워 세상을 밝힌다는 연등의 의미이다.

청정한 마음으로 하는 보시의 중요성은 '빈자일등'의 정신으로 잘 나타나고 있다. 이것은 부유한 자의 고급스러운 만 가지 등보다 가난한 자의 한 등이 얼마나 값지고 소중한가를 잘 보여주고 있다. 비록 가난하지만 자신의 정성을 다하여 공양하는 마음은 어떤 장애가 와도 흔들리지 않는다. 그 마음에는 자신의 진실한 마음이 들어 있고 그 진실한 마음은 모든 것이 한 몸 한 마음으로 통하여 부처님 마음과 만나게 된다. 가난한 여인의 마음은 그렇게 부처님 마음과 만나 밝은 빛으로 타오른 것이다.

불가의 가장 큰 명절 부처님오신날이 다가오면 절에는 등을 설치하고 갖가지 행사를 준비하며 부처님을 맞이할 준비를 한다. 불자들도 너나없이 등을 켜고 부처님의 탄생을 축원하기 시작했다. 그러나 더욱 중요한 일은 가난한 이 여인처럼 간절한 마음으로 부처님의 공덕을 찬탄 공양하는 자세이다. 가격대로 등을 사서 소소한 개인의 복을 기원한다면 그것은 진정으로 무명을 밝히는 등공양이 아닐 것이다.

진정한 복은 삼계육도를 벗어나 다시는 윤회의 굴레에서 벗어나는 것이다. 당시 부처님께서도 가난한 여인 난타가 마침내 깨달음을 이루어 부처가 되리라고 인가하셨다. 이러한 의미를 생각하며 작은 정성이나마 부처님 전에 탐진치를 소멸하고자 발원하고 등을 밝힌다면 더욱 그 의미가 되살아날 것이다.

아름다운 희생

참담한 날들이다. 침몰한 세월호에서 생명의 소식은 전해지지 않고 있다. 배는 완전히 바닷속으로 가라앉고, 선체와 더불어 실종자들의 생존 가능성도 가라앉았다. 구조자 숫자에 단 몇 명, 단 한 명이라도 더해지기를 바라는 마음이 간절하다.

생사가 갈리는 긴박한 상황에서 사람은 두 부류로 나뉜다. 무슨 수를 써서라도 나 먼저 살고 보겠다는 부류와 나보다는 다른 사람들을 먼저 살리려는 부류다. 안타깝고 비통한 이번 여객선 침몰 사고 중에도 아름다운 희생들은 있었다. 캄캄한 절망 속에서 스스로를 불태워 빛이 되어준 사람들이다.

선장, 항해사가 모두 달아난 선상에서 "승무원은 가장 나중"이라며 끝까지 승객들 대피를 돕던 22세의 여 승무원, 입고 있던 구명조끼까지 벗어 주며 친구들의 탈출을 도왔던 단원고 2학년 학생. 불안해 우왕좌왕하는 제자들을 달래며 일일이 구명조끼 입혀 갑판으로 올려보낸 단원고 교사였다.

마음만 먹으면 제일 먼저 탈출할 수 있었던 이들은 마지막 순간까지 한 사람이라도 더 구하려고 버티다가 끝내 목숨을 잃었다. 선장 등 승무원들이 승객 대피에 조금만 노력을 기울였어도 구조자는 훨씬 늘어났을 것이라는 생각에 많은 사람들은 분통을 터트리고 있다.

그러면서 떠올리는 것이 영화 〈타이타닉Titanic〉의 대피 장면이다. 승무원들이 여성과 어린이들을 구명정에 태워 하선시키는 동안 보일러실과 기관실에서 죽는 순간까지 자리를 지키던 기관사들, 영화 속에서나 가능할 것 같은 이 광경은 실제 상황이었다.

1912년 타이타닉호 침몰 사건 이전 가장 큰 해상 사고는 1852년의 영국함 버큰헤드호 침몰 사건이었다고 한다. 버큰헤드호가 사병들과 그 가족 등 6백여 명을 태우고 남아프리카공화국으로 가던 중 암초에 부딪쳤다. 배가 침몰하는데 구명정은 3척뿐이었고 이때 함장이 내린 명령이 '여자와 어린이 먼저'였다. 부녀자들을 구명정에 태우는 동안 수백 명의 병사들은 갑판에서 부동자세를 취하고 서 있었다. 병사들은 열병식을 하듯 의연하게 서서 배가 완전히 침몰할 때까지 기다렸다. 마침내 여자와 아이들은 모두 살고 남자들은 25%만이 목숨을 건졌다. 이 사건으로 선장과 병사들의 영웅적 자제력과 용기가 널리 알려지면서 '버큰헤드 훈련'이라는 불문율이 생겼다고 한다.

항해 중 재난이 닥치면 남자들은 꼼짝 않고 갑판에 남고 여자와 어린이를 먼저 대피시키는 전통이다. 위대한 자기희생의 전통이다. 세월호 참사는 책임자들이 제때 대응했다면 피해가 훨씬 줄었을 사건이다. 재난대응 시스템이 작동되지 않는 상황에서 사람들을 살린 것은 개개인의 희생이었다. 이들은 자신을 내어놓음으로써 승객, 친구, 제자들을 살렸다. 부처님오신날을 앞두고 고통받는 중생들에게 지혜와 자비의 등불을 밝혀주시기 위해 이 땅에 오신 부처님과 희생의 의미를 생각해본다.

거대한 '우리'의 축제

 2014월드컵이 개막된 지 얼마되지 않아 네덜란드와 칠레, 콜롬비아는 16강 진출을 확정지었다. 더도 말고 덜도 말고 '한국팀이 16강에만…' 싶은 우리에게는 부러운 일이 아닐 수 없다. 콜롬비아 선수들에게는 '월드컵' 하면 잊지 못할 사건이 있다.
 20년 전인 1994년 미국에서 월드컵이 개최되었을 때였다. 당시 콜롬비아는 펠레가 우승 후보로 꼽을 정도로 실력이 막강했다. 그런 콜롬비아가 축구 약체였던 미국에 어처구니없이 패하면서 16강에도 끼지 못하는 수모를 당했다. 안드레 에스코바르라는 수비수가 자책골을 넣은 것이 결정적이었다. 콜롬비아 국민들의 실망이 얼마나 컸을지, 에스코바르에게 쏟아진 비난이 얼마나 거세었을지는 짐작할 만하다. '역적'이 따로 없었다.
 하지만 그가 실수의 대가를 목숨으로 치르게 될 줄은 아무도 몰랐다. 귀국한 지 며칠 되지 않아서 그는 여자 친구와 레스

불국사 신도들과 함께

토랑에 갔다가 괴한의 총격을 받고 즉사했다. 범인은 이를 자책골에 대한 처벌이라고 주장했다고 한다. 이 정도 되면 '월드컵이 뭐길래?'라는 말이 나오지 않을 수 없다.

그 정도는 아니어도 한국팀의 경기를 보면서 우리 모두는 대단히 격앙된 상태가 된다. 선수들의 일거수일투족에 따라 각자의 손과 발에 힘이 불끈불끈 들어가면서 흥분하고 환호하고 소리치고 열받고 낙담하고…. 경기가 진행되는 동안 선수들은 더 이상 남이 아니다. 보이지 않는 끈으로 모두 연결된 존재, '우리'가 된다. 한국팀의 경기를 우리가 단순히 즐기는 차원에서 관람하지 못하는 이유이다.

이런 심리 작용이 바로 부처님의 자타불이自他不二 가르침이다. 화엄 바다에 태어나 일체의 현상과 현실을 나누고 융통하는 마음, 나와 네가 둘이 아닌 모두 하나라는 뜻이다. 나아가 하나가 일체요, 일체가 하나임을 알고 살라는 일깨움이다. 그래서 나와 남은 서로서로가 생명의 고리로 연결되어 있어 하나라는 뜻이며 남을 위하는 일이 곧 나를 위하는 일이라는 지혜를 읽어야 한다.

'우리' 선수들의 경기를 보면서 우리 내면에는 몇 가지 심리적 현상들이 일어난다고 본다. 우선은 연상 작용이다. '우리' 팀이 잘 싸워 승리하면 그것이 곧 나의 승리로 여겨지는 심리이다. 맹수처럼 달려가 날카롭게 골을 쏘는 선수와 자신을 무의식적으로 일체화하면서 찾아드는 것은 대리만족이다. 이어지는 것은 카타르시스. 전후반전, 90분간 일상사를 잊고 오로지 환호하고 박수치며 경기에 몰입하는 동안 존재의 정화 작용을 경험한다. 일상생활 중에 쌓인 찌꺼기들을 훌훌 털어내는 기분, 스트레스와 욕구불만의 무게가 부쩍 가벼워지는 느낌이다. 그런 일련의 과정을 제공하는 것이 바로 '축제'의 기능이다. 모래알처럼 흩어져 살던 사람들이 월드컵 덕분에 다시 한 번 '우리'를 경험한다.

자리 욕심

살면서 분명하게 위반을 하고도 '위반했다'고 지적 받으면 억울한 경우가 있다. 대표적인 것이 교통 위반이다. 과속이나 신호 위반 등으로 통지를 받으면서 '내가 잘못했으니 당연하다'고 받아들이는 운전자는 거의 없다. 그 정도 위반은 누구나 하는 건데 '재수가 없어서 나만 걸렸다'고 억울해 하는 것이 보통이다.

최근 대통령이 '국가 대개조'를 내세우며 그에 맞는 총리 물색에 나섰다가 실패하고 원점으로 돌아오자 이제는 청문회 자체가 도마 위에 올랐다. 청문회 때문에 국정이 제대로 돌아가지 못한다는 불만이 여당 쪽에서 터져 나오고 있다. '청문회'를 둘러싼 시각은 둘로 나뉜다. 현실이냐 원칙이냐의 문제이다. 전자는 '빨리빨리' 성공 지상주의로 성장한 우리 사회에서 부동산 투기, 위장 전입 정도 위반은 누구나 해온 것, 그러니 좋게 좋게 넘어가자는 것이 여당의 입장이다. 반면 야당은 '원칙'이라는 현미경을 들이댄다. 교통경찰이 되어서 과속이나 신호 위반 같은 자잘한 위법에 대해서도 가차 없이 딱지를 뗀다. 정권 바뀔 때마다, 그래서 여당이 되느냐 야당이 되느냐에 따라 청문회 의원들의 입장이 바뀌니 어느 한쪽이 다른 한쪽보다 더 정의롭다고 할 수는 없다.

안대희, 문창극 두 총리 지명자들이 반대 여론에 시달리다 못해 사퇴하자 주위에서 의문을 제기하는 사람들이 있다. 총리 자리에 마음을 두지 않았으면 전설적 칼 같은 법조인으로, 신앙심 깊은 원로 언론인으로 여생을 마쳤을 인사들이 왜 사서 여론 재판의 망신을 당했느냐는 것이다. 자세한 내막은 당사자들만이 알 뿐이다. 하지만 이전의 여러 총리나 장관 지명자들의 낙마를 보면서, 지명되었을 때의 들뜬 표정과 얼마 후 사퇴할 때의 초췌한 모습을 보면서 떠오르는 생각이 있었다.

요즘같이 시시콜콜 온갖 신상 다 털리는 세상에 그들은 아무 문제없을 줄 알고 지명을 수락했느냐는 것이다. 결국 그들을 들뜨게 하고 결국 추락하게 만든 것은 '자리 욕심'일 것이라는 생각이다. '자리'란 명예와 권력의 상징이다. 많은 경우 돈이 같이 따라오니 할 수만 있다면 잡고 싶은 것이 높은 자리이다.

그렇다면 자리는 높을수록 좋은 걸까? 무슨 수를 써서라도 차지하기만 하면 되는 걸까? 분수에 맞지 않는 자리는 오히려 불행을 부를 뿐 자기 자리가 아닌 곳에 있으면 십중팔구 끝이 좋지 않다는 것이다. 고위 공직에 지명되는 사람들이 자리보다 자신을 먼저 돌아본다면 청문회장에서 망신당할 가능성은 줄어든다. 자신의 능력, 도덕성, 정치철학 등을 그 '자리'와 비교해본다면, 스스로 먼저 검증해보고 거취를 결정한다면 여론 재판에 희생되었다고 억울해 할 일도 없을 것이다. 세상이 소란스러운 것은 분수를 모르는 욕구들이 넘쳐나기 때문이다. 탐욕이다. 부처님은 말씀하셨다.

탐욕은 독초와 같고
치열한 불꽃과도 같다.
마치 불나방이 죽을 줄도 모르고
훨훨 타오르는 불을 보고
달려드는 것과 같다.

세상을 파괴하는 것

세상을 파괴하는 것은 때로 눈에 보이지 않는 작은 미생물이다. 14세기 유럽의 인구를 절반으로 줄여버린 흑사병, 잉카제국의 멸망을 초래한 천연두 등이 대표적이다. 인간의 역사 중 한 줄기는 질병과의 전쟁이다. 병원체를 찾아내 치료법을 개발함으로써 많은 질병들을 정복했지만 괴질과의 전쟁은 끝이 없다. 요즘은 에볼라가 그것을 이어받았다.

아프리카 서부 해안에서 확산되고 있는 에볼라 출혈열로 세계가 긴장하고 있다. 6개월 전 아프리카 기니에서 처음 발병한 후 바이러스는 인근 라이베리아, 시에라리온으로 번지며 계속 기세를 떨치고 있다. 예방 백신이나 치료법이 없어서 병에 걸렸다 하면 십중팔구 죽음이니 발병 지역 주민들의 공포감은 상상을 초월한다. 그럼에도 불구하고 에볼라가 세계적 관심을 끈 것은 극히 최근이다.

아프리카 오지에서 주민들이 죽어갈 때는 '지역' 뉴스로 국한되던 것이 갑자기 '세계' 뉴스가 된 계기는 서구 의료 구호 단원들의 감염이다. 환자들을 돌보다 병에 걸린 의사, 간호사, 구호 요원이 본국으로 이송되면서 각 나라가 긴장하기 시작했다. 감염성 질병 앞에서 우선 나타나는 반응은 두려움이다. 생명체가 죽음에 대해 갖는 자연스런 공포심이다.

여기에 무지가 더해지면 상황은 악화한다. 이번 에볼라 바이러스 확산도 무지가 한몫을 했다. 현지 보도 내용을 보면 현지 주민들은 자신들을 구하기 위해 먼 타국에서 온 의료진에게 감사는커녕 그들을 믿으려 들지도 않았다. 그래서 발병 즉시 격리 치료를 받아야 할 환자들이 집에 숨어 있으니 가족, 이웃들에게 계속 전염되면서 병의 확산을 초래했다. '무지'는 아프리카 현지인들만의 문제가 아니다. 공기 전염이 아니라 환자의 혈액이나 침 등 체액으로 전염되기 때문에 전파력이 낮다고 하는데도 라이베리아에서 구호 활동 중 병에 걸린 미국인 구호 요원을 본국으로 이송하자 일부 미국인들의 반응은 한마디로 '절대 반대'하며 그 사람으로 인해 미국에 에볼라가 창궐할 수 있다는 주장이었다.

심지어 아시아 쪽에서는 아프리카인에 대한 무조건적 과민 반응으로 아프리카인들과의 접촉 자체를 꺼릴 정도이다. 에볼라 창궐로 가슴 아픈 일 중의 하나는 의료진의 희생이다. 한 의사가 지난달 말 사망한 것을 비롯해 의료진의 숭고한 희생이 줄을 잇고 있다. 죽을 위험을 알면서도 환자들을 돌본 결과이다. 같은 사람인데 왜 이렇게 다를까. 타인의 고통을 덜어주기 위해 죽음의 현장으로 스스로 걸어 들어가는 사람이 있는가 하면 벼락 맞을 확률만큼의 손해도 보지 않겠다는 이기심 덩어리도 있다.

불교의 관점에서 보면 사람이라고 다 같은 사람이 아니다. 인간 세상에는 축생의 단계를 막 벗어나 사람으로 태어난 자도 있고 천상에서 인간계로 내려온 사람도 있다. 격이 다를 수밖에 없다. 육도윤회를 하는 이상 세상은 고통이 끊이지 않는 고해이다. 그래도 남을 위해 자신을 내어놓는 고결한 소수가 있어서 그나마 살만하다.

미얀마 성지순례 중 포행하시며

지방방송 전성시대

회의나 수업 중 몇몇이 수군수군 잡담을 하면 사회자나 선생님이 하는 말이 있었다. "지방방송 끄세요!" 주의가 산만해져서 '중앙방송' 전달에 지장이 있으니 조용히 입을 다물라는 의미였다. 그런데 이른바 인터넷을 기반으로 한 소셜 네트워크 시대인 지금은 '지방방송' 전성시대이다.

사회 구성원들이 저마다 고성능 마이크를 하나씩 가지고 있어서 마음만 먹으면 누구나 '지방방송'을 한다. '지방방송' 극성에 정통 언론 즉 '중앙방송'이 휘둘릴 정도이다. 사회적 이슈에 대해 할 말이 있으면 당장 소셜 네트워크 서비스 공간에 글을 올리고 남이 쓴 글에 댓글을 달고 막말이 나오고 유언비어가 난무하고 그것들을 퍼오고 퍼나르고 하는 것이 일상적 풍경이 되었다.

그러다 보면 처음의 이슈는 실종되고 엉뚱한 것이 새 이슈가 되면서 싸움은 또 다른 싸움을 낳고… 끊이지 않는 이전투구에 세상은 조용할 날이 없다. 여기서 문제는 여론이 한쪽으로 강하게 몰려갈 때, 대다수가 자신과 의견이 다르면 굳이 자기 생각을 말하지 않고 넘어가는 반면 대다수 의견과 같을 때는 활발하게 토론에 참가한다는 것이다. 결과적으로 다수 의견을 가진 사람들은 자유롭게 생각을 표출하고, 소수 의견을 가진 사람들은 침묵하다 보니 여론은 한쪽 방향으로 쏠리고 소수 의견은 점점 줄어들어 나선형처럼 잦아들게 된다. 즉, 주변 여론의 동향을 민감하게 파악하는 일종의 생존 전략이다.

혼자서 다른 쪽을 고집하다보면 집단에서 왕따를 당하기 쉽고, 이상한 사람 취급받다보면 직장에서 밀려나는 등 불이익을 당할 수도 있다. 그래서 지배적 견해와 의견이 다른 사람은 이를 감춤으로써 고립을 피하는 경향이 있다고 한다.

인터넷 소셜 네트워크 공간 역시 성향이 비슷한 사람들끼리 모여 같은 의견을 내고 동조하고, 과격할수록 주목받으면서 여론은 점점 더 극단으로 치닫게 된다. 뉴스도 성향에 맞는 보도만 받아들이고 반대 성향 보도에는 눈길도 주지 않으니 자기 확신이 확대재생산 되면서 집단 극단화 현상이 일어난다. '세월호'가 대표적이다.

세월이 흘러도 '세월호'의 끝은 보이지 않는다. 온 국민이 유가족의 아픔을 가슴으로 느끼며 하루 빨리 진상 규명하고 책임자를 처벌해서 다시는 이런 비극이 일어나지 않도록 하자며 한마음이 되었던 때로부터 4개월 반. '진상 규명 어떻게 할 것인가. 특별법은 필요한가'로 시작된 좌우 갈등은 최근 엉뚱하게도 한 개인의 이혼, 아빠로서의 자격 문제로 전선이 옮겨져 '중앙방송' '지방방송'이 뒤엉켜 진흙탕 싸움을 했다.

《대열반경》에는 "맛이 있는 우유와 치즈 온갖 달콤한 꿀도 먹고 잘 소화하면 약이 되지만, 소화를 못한다면 독이 된다"고 가르치고 있다. 같은 이슬을 먹고서도 소는 우유를 만들고 뱀은 독을 만든다. 인터넷 시대에 우리 손에 쥐어진 '마이크'를 어떻게 쓸 것인가. 사람들에게 상처주고 사회를 양극으로 분열시키는 마치 뱀이 만든 '독'이 될 수 있고, 가슴 따뜻한 글로 사람들을 위로하는 소의 '우유'도 될 수 있다. '지방방송'도 방송윤리는 필요하다.

표현의 자유

온 세상이 양처럼 순한 한 해가 되기를 바랐던 기대는 신년 벽두에 무너졌다. 프랑스 파리에서 발간되는 주간지 〈샤를리 에브도〉에 이슬람 테러범들이 들이닥쳐 처형하듯 총을 쏘아댔다. 이 주간지는 종교나 정치 지도자들을 조롱하고 희화화하는 만평으로 유명한데 특히 단골로 삼은 인물이 이슬람교 창시자인 무하마드였다.

테러범들은 주간 편집회의 시간에 맞춰 사무실에 난입해 편집국장, 만평 작가들, 기자들에게 총격을 가한 뒤 "선지자 무하마드를 위해 복수했다"고 외쳤다. 이날 테러범은 사살되고 사건은 일단락 났지만 테러가 남기는 파장은 깊다. 이것이 종교적인 사안이며 인간에게 중요한 표현의 자유에 대한 공격이기에 더욱 우려된다. 특히 백인들끼리 백인들의 가치와 시각만 가지고 살았던 유럽이 이슬람교 인구가 날로 늘고 있어 이번 같은 테러는 언제든 다시 일어날 수가 있기 때문이다.

〈샤를리 에브도〉 테러는 보도에 대한 보복인 만큼 전 세계는 언론의 자유, 표현의 자유에 대한 공격으로 규정하고 있다. 자유 민주주의의 근간인 표현의 자유가 테러 당했다며 전 세계 지도자들과 매스컴들이 규탄의 목소리를 높였다. 대중적 분노도 엄청나서 테러 위협에 굴하지 않고 표현의 자유를 수호하겠다는 집회가 유럽 전역으로 확산되고 있다.

'펜'이 마음에 들지 않는다고 '총'을 휘두르는 테러는 어떤 상황에서도 절대로 용납될 수 없는 야만적 행위이다. '표현의 자유'가 중요한 이유는 그것이 '우리'를 돌아보게 하기 때문이다. 우리가 의심 없이 받아들이는 가치나 권위를 비틀거나 깨트림으로써 때로는 웃음, 때로는 깨달음을 주는 것이 풍자이고 해학이다.

그런데 프랑스 주간지의 무하마드 풍자는 백인들 위주의 사회에서 백인이 아닌 상대적 소수인 이슬람인인 '그들'의 가치와 권위를 모욕했다는 점에서 문제의 소지도 있었다. '그들'은 파리 교외에 거대한 빈민촌을 이루며 제2의 시민으로 살고 있다. 그래서 프랑스 주류 사회에서는 단순한 풍자와 유머일 수 있는 것이 이들 이슬람 이민자 사회에서는 오만과 조롱으로 받아들여질 수가 있다. 그리고 무엇보다 위험한 것은 알카에다 등 이슬람 근본주의자들이 이들 이슬람 청년의 좌절과 분노를 부채

질해 이들을 자살 폭탄으로 훈련시키려 호시탐탐 노리고 있다는 사실이다.

반면 '표현의 자유'에 우리는 얼마나 너그러울까? 만약 〈샤를리 에브도〉가 벌거벗은 무하마드 대신 예수를 만평으로 그리며 조롱했다면 어떨까? 기독교 강대국들에서 지금처럼 '표현의 자유'만 지지할 수 있을까? 종교적 모욕감을 참지 못한 테러범들의 심정을 어느 정도 이해할 수도 있을 것이다. 다인종 다문화 사회에서 '표현의 자유'에는 조건이 따른다. '표현'에 앞서 '다름'에 대한 존중이 있어야 한다. '표현의 자유'와 '조롱의 자유'는 다르다.

라오스 초등학교 방문(2014)

가슴에서 가슴으로

2015년 청양의 해가 밝았다. 희망찬 새해 새로운 세상으로 거듭나는 한 해가 되기를 바라는 마음 간절하다. 우리 삶에서 맑은 공기가 매우 중요하듯 사람과 사람과의 소통疏通이 매우 중요하다. 실제 우리는 서로 말을 하고 살면서도 소통이 되지 않는다고 한다. 그만큼 불통이 사회 전반에 자리 잡고 있다는 반증이기도 하다.

현대 한국 사회에서 가장 필요한 가치로 '소통'을 꼽고 있다. 이제 '소통'은 국민이 다 함께 풀어야 할 시대적 화두가 되었다. 《동의보감》에는 불통즉통不通卽痛이라는 말이 있다. 기氣가 원활하게 흐르지 않으면 몸이 아프다는 뜻이다. 소통이 안 되면 고통이 된다는 표현이다. 우리 몸뿐만 아니라 사회생활도 마찬가지이다. 독단과 독선이 자리 잡아 소통이 되지 않으면 불신이 찾아오고 조직을 병들게 한다.

우리는 흔히 회의나 토론, 간담회를 통해 참석자들이 말을 많이 하면 소통이 잘된 것처럼 생각한다. 하지만 효율적인 의사소통은 말을 많이 하는 것과는 별개의 문제이다. 소통은 상호 간 전달하고자 하는 의미와 내용을 얼마나 충분하게 전달하느냐의 문제이기 때문이다.

소통의 문제가 나올 때마다 생각하게 되는 사례가 있다. 서로 처음 만난 개와 고양이를 한 방에다 두면 어떤 일이 일어나겠는가 하는 것이다. 개가 반가움의 표시로 꼬리를 흔든다고 해도 고양이는 이를 도전으로 받아들일 수 있다. 또 고양이가 좋다는 뜻으로 소리를 내어도 개는 이를 위협으로 느끼고 서로 싸우게 된다고 한다. 하지만 만나면 싸울 것 같은 개와 고양이도 어릴 때부터 함께 자라게 되면 싸우지 않는다고 한다.

상대에 대한 이해 없이 서로를 표현하는 언어가 서로 달라 생긴 일종의 소통 부재이지 태생적인 원수는 없다는 일화이다. 효율적인 의사소통은 상대방을 존중하고 인정하는 데서 출발한다. 즉, 상대방이 무조건 나의 주장에 동조해주길 바라지 말고 나부터 상대방 생각을 이해하려고 노력해야 진정한 소통이 시작된다는 의미이다.

이는 부부 관계, 자녀 관계, 친구 관계, 직장이나 이웃 관계, 온라인상의 소셜 네트워크 서비스(SNS)를 통한 소통에도 동일하게 적용된다. 대부분 직장인들은 인간관계의 어려움을 토로한다. 한마디로 일이 힘든 것보다도 사람이 힘들다고 한다. 그 밑바탕에는 조직 구성원간의 소통 부재가 깊게 깔려있는 것이다. 가정 역시 마찬가지다. 상대방을 이해하고 눈높이에 맞추기보다는 권위주의적이고 일방적인 지시와 훈계가 가족간 소통을 방해하고 벽을 쌓게 만든다.

소통에서 중요한 것은 얼마나 말을 잘 하느냐보다 얼마나 상대방에 귀를 기울이느냐 하는 것이다. 대표적인 예가 소통의 대통령으로 알려진 미국의 링컨이다. 지금으로 치면 소통의 대통령이라고 할 수 있을 링컨은 "누군가를 설득해야 할 때 나는 주어진 시간의 1/3은 내 입장과 내가 할 말을 생각하는 데 쓰고, 2/3는 상대방의 입장과 그가 무슨 말을 할지를 생각하는 데 쓴다"고 했다.

내 말을 하기에 앞서 상대방의 말을 먼저 듣는 경청의 자세이다. 상대방에게 공을 들이며 집중하는 것이다. 이런 과정을 통해 신뢰가 쌓이고 진실성이 부각되면서 그는 중요한 정치적 합의들을 이끌어내는 데 성공하곤 했다.

또한 무대 위의 공연도 마찬가지다. 가수가 무대에 서서 관중을 '향해' 노래할 때 관중은 그들, 3인칭이다. 하지만 관중'에게' 노래한다면 그들은 2인칭이 된다. 가수와 관중은 '나와 너'의 관계가 되고 노래는 나의 가슴으로부터 솟아나와 너의 가슴속으로 들어가 그곳에 뿌리 내리게 된다. 완벽한 소통이다.

소통을 통한 효과는 하나 더하기 하나가 둘인 산술적인 단순합이 아니라 열이 되기도 하고 백이 되기도 하는 결과로 나타난다. 그것이 소통의 진정한 힘이다. 부처님 말씀이 담긴 경전을 보면 최고의 기도와 수행은 대화라는 것을 알 수 있다. 진정 소통을 원한다면 늘 만나고 진지하게 대화해야 한다. 부처님은 한곳에 앉아계시지 않고 늘 어딘가에서 누군가를 만나 대화하셨다. 또한 부처님은 '이것이 진리이니 따르라'고 일방적으로 말하지 않고 '같이 길을 찾아보자'며 진리를 스스로 깨닫도록 했다. 먼저 나 자신이 잘 들으려 노력하는 대화의 방법을 제시하신 것이다.

새해 새날을 열면서 나 자신부터 소통을 위한 노력을 제대로 하고 있는지 되돌아보자. 소통 부재의 원인을 상대방에게만 전가한다면 불통의 벽은 영영 허물어지지 않기 때문이다. 맑은 공기, 밝은 달빛이 그대로 골고루 우리들에게 다가오듯 소통으로 더불어 사는 사회로 만들어보자.

나이 듦

얼마 전 배우 안성기 씨를 인터뷰한 기사를 보았다. 아역 배우로 출발해 거의 평생 연기를 해온 그는 배우로서 극복해야 했던 어려움으로 '나이 듦'을 들었다. 나이가 40대 후반이 되자 주어지는 역할이 달라지더라고 했다. 당연히 주인공을 기대하며 시나리오를 받아보면 조그만 역할이 맡겨져 있더라는 것이다. '나한테 어떻게 이런 걸 맡기나' 싶어 몹시 자존심이 상하고 힘들었다고 했다.

각자의 무대에서 조금씩 변방으로 밀려나는 것—배우가 아니더라도 누구나 나이 들면서 경험하는 일이다. 이전 세대가 물러나고 다음 세대가 그 자리를 차지하는 것은 자연의 이치이지만 달라진 게 있다면 나이 든 세대를 바라보는 사회적 시각이다. 노인이 되면 아무것도 하지 않아도 존재만으로 존경받던 시절이 있었지만 지금은 '나이'가 '장애'처럼 취급되는 편견의 시대이다. 과거에는 나이가 어리면 무시당했는데 지금은 나이가 많으면 무시당하는 세태가 되었다.

　나라마다 늘어나는 노인 인구로 골치를 앓고 있다. 일선에서 일할 인구에 비해 부양해야 할 고령 인구 비율이 너무 높아 사회적 부담이 커진다는 계산이다. '노인 나라' 일본은 2005년 이미 세계 최초로 5명 중 한 명은 노인인 초고령 사회가 되었고 우리나라는 65세 이상이 인구 10명 중 한 명인데 오는 2026년이면 초고령 사회에 진입할 것으로 예상된다고 한다.

　70년대 통기타 가수 서유석 씨가 70세의 나이로 25년 만에 신곡을 발표해서 뉴스가 되었다. 그가 작사 작곡한 노래 제목은 〈너 늙어봤냐 나는 젊어봤단다〉이다. '삼십 년을 일하다가 직장에서 튕겨나와 길거리로 내몰렸다'로 시작해 후렴 '너~ 늙어봤냐 나는 젊어봤단다. 이제부터 이 순간부터 나는 새 출발이다'로 끝나는 노래인데 노년층 사이에서 인기가 대단하다고 한다.

　노년은 그렇게 처량하기만 한 시기일까? 오히려 생애 중 가장 홀가분하고 행복한 시기가 될 수 있다고 전문가들은 말한다. 20대에 가장 높았던 행복감은 점점 떨어져 50 즈음에 바닥을 친 후 올라가기 시작해 노년이 되면 다시 행복해진다는 내용이다. 원인은 우선 뇌의 변화이다. 매사를 비판적으로만 보던 까칠한 뇌가 나이 들면 부드럽고 포용적으로 바뀌면서 행복감이 높아진다고 한다.

아울러 한평생 터득한 삶의 기술이 우리를 행복하게 해주는 것 같다. 산전수전 겪으며 얻은 지혜 혹은 도통함 같은 것이다. 모든 것은 끝이 있다는 깨달음이 한 역할을 한다. 그래서 아무리 암담한 상황이라도 앞을 내다보는 여유를 가질 수가 있다. 희로애락의 이면을 보는 시각도 생긴다.

지금 좋은 일이 지나고 보면 나쁜 일로 연결되기도 하고 나쁜 일이 좋은 결과를 가져오기도 한다는 것을 안다. 그래서 삶에 찾아드는 사건들을 담담하게 대할 수가 있다. 인생에서 중요한 것이 무엇인지를 확실히 아는 것도 삶의 기술을 높여준다. 나이 들면 무대에서 물러나야 하는 것은 누구도 피할 수 없는 현실이다. 하지만 그 노년의 시간에 어떤 존재감을 갖고 살지는 각자의 몫이다.

제四장 說無生話

생멸이 없는 말을 설한다

大弓堂 宗常 法語集 無孔笛

사람을 살게 하는 힘

잘 아는 신도 한 분이 심장병으로 병원 응급실에 황급히 호송되었고 혈압이 급강하하면서 거의 맥이 뛰지 않는 상태가 되자 의식이 혼미해지면서 경험했다는 얘기이다. 본인의 말에 따르면 마지막 순간에는 부모도 남편도 떠오르지 않고 오직 자식 얼굴만 크게 눈앞을 가로막으며 다가오더라는 것이다.

그때 함께 듣고 있던 다른 신도가 자신의 체험을 보탰다. 더 심각한 상태가 됐으면 자식이고 뭐고 아무것도 떠오르지 않게 되더라는 것이다. 아득히 멀리 있을 것으로만 알았던 삶의 '끝'이 갑자기 눈앞으로 다가오면서 인생의 우선 순위가 분명해지는 경험들을 하고 있다.

'나도 죽을 수 있다.'
'부모, 아내 혹은 남편, 자녀가 영원히 내 곁에 있는 것이 아니다.'

'당장 내일 무슨 일이 일어날지 모른다.'

이렇게 생각이 들면서 숙연해지고 사는 게 무엇인가 생각해 보게 되었다는 것이다.

각자의 처지에 따라 조금씩 차이는 있지만 대체로 공통적인 경험은 '죽음' '상실' '불확실성'에 대한 인식으로 집약할 수 있다. 전쟁이 언제 터질지 모르는 비상사태가 되면서 군인들 사이에서는 결혼 붐이 인다고 한다. 또 가족이 얼마나 소중한지 알게 되면서 의견충돌이 잦던 부부, 만나면 얼굴을 붉히던 부모와 자녀가 사이가 좋아진다고 한다. 삶에서 중요한 것이 무엇인지, 사람을 살게 하는 힘이 무엇인지가 분명해진 결과라고 생각된다.

사람의 욕구는 육신의 삶을 사는 데 필요한 마음과 정신적인 마음의 두 가지로 구성되어 있다. 육신을 위한 마음은 식욕, 성욕, 수면욕 등 기본적인 욕구와 의식주 등 생존에 필요한 것들을 챙기는 마음인데, 이 마음이 너무 커지면 사람이 자기중심적이 되어서 탐욕스럽고 공격적이 된다. 그러나 반면 정신적인 마음은 눈이 밖으로 열려서 타인에 대한 배려와 이해, 즉 자비심으로 받아들이게 된다.

문제는 마음의 크기가 일정해서 한 마음이 너무 커지면 다른 마음은 작아질 수 밖에 없다는 것이다. 육신의 마음이 커지면 커질수록 정신적인 마음, 즉 보살심이 차지할 자리는 그

만큼 줄어들고 만다. 우리들에게 우선 필요한 것은 마음의 구
획 정리이다. 육신의 삶을 위한 마음만 가득 차서 한구석에 조
그맣게 쪼그라든 것이 대부분 우리의 정신적인 마음 상태이다.
그 정신적인 마음이 제자리를 찾아 깊고 커진다면 일상이 신비
로운 힘으로 살맛 나는 세상으로 느껴지게 될 것이다.

도반들과 덕담을 나누며

종말에 대한 생각

최근 프랑스 남부에 있는 한 작은 마을이 전 세계에서 밀려드는 종말론 신자들로 몸살을 앓고 있다고 한다. 화제의 장소는 인구 200명 안팎이 살고 있는 해발 1,200m에 위치한 부가라치 Bugarach라는 곳이다. 신자들 사이에서 이곳이 UFO 비밀기지로 알려져 있어서 고대 마야의 달력에 근거해 2012년 12월 21일 지구 종말이 와도 UFO가 자신들을 구조해줄 것이라는 것이 이들 종말론 신자들의 믿음이다.

대부분의 사람들은 전혀 관심을 갖지 않지만 '종말'은 수시로 왔다 가곤 한다. 지난 100년 동안 100번 정도의 '종말'이 있었다고 한다. 우리가 가장 잘 기억하는 '종말'은 1992년 10월 28일의 휴거. 다가올 미래를 준비한다던 다미선교회 이장림 목사가 주장한 최후의 날이었다. 그날 세상에는 아무 일이 없었고 이 목사는 사기죄로 형사 처벌을 받았다.

'종말론'이 나올 때마다 추종자들이 적지 않았다. '종말'에 한 점 의혹이 없던 그들은 집을 팔고, 직장을 사직하고, 종말의 날 이전에 전 재산을 다 쓰도록 재정 계획을 세웠다. '종말'이라는 성분이 의식 속에 과도하게 주입된 케이스들이다.

약과 독은 본질적으로 하나다. 같은 성분이라도 투여하는 양에 따라 약이 되기도 하고 독이 되기도 한다. '종말'도 그 인식의 정도에 따라 우리 삶에 독이 될 수도 있고, 약이 될 수도 있다. 그렇다고 '종말' 인식이 항상 독은 아니다. 적당량의 인식은 삶에 의미를 더해주는 약의 효과가 있다. 신경을 마비시키는 맹독 성분, 보툴리누스균이 소량을 쓰면 얼굴의 주름을 펴주는 보톡스가 되는 것과 같은 이치이다.

대체로 사람들은 죽음 앞에서 후회가 많다. 생의 마지막 고비에서 하는 후회의 내용은 특별한 게 아니다. '내가 언젠가는 죽는다'는 인식이 있었다면 충분히 하고도 남았을 평범한 일들이다. '종말' 인식은 인생에서 '후회'의 뼈아픈 굴곡을 덜어준다.

죽음의 고비를 여러 번 넘긴 스티브 잡스 애플 최고경영자는 죽음에 관한 통찰력이 깊다. 그는 열일곱 살 때부터 죽음을 의식했다고 한다. 불교와도 인연이 깊은 그는 '매일매일을 인생의 마지막 날로 여기며 살라'는 경구에 감명을 받은 덕분이었다. "내가 조만간 죽을 존재라는 사실을 기억하는 것은 인생에서 중대한 선택을 할 때마다 가장 중요한 도구가 되었다"고 그는 한 졸업 연설에서 말했다. 오늘이 생애 마지막 날이라면 나는 무엇을 할까, 가장 함께하고 싶은 사람은 누구일까, 가장 하고 싶은 그 일은 무엇일까를 생각하면 삶의 우선순위는 정해진다. 그렇게 하루하루를 산다면 이 세상 떠나는 날, 후회가 덜할 것이다.

한걸음 더 나아가 윤회하는 진리가 있음을 믿는 불자들에게는 죽음은 다음 생의 탄생을 의미하는 것이 된다. 이 생명은 전생에서 이 몸을 받아 태어나 살았으니, 이 세상과 인연이 다하면 죽어 또 다음 세상의 생명을 받아 태어나는 자연의 이치가 있다. 죽음을 두렵게 생각하지 말고, 오히려 다음 생으로 가는 한 과정인 사실을 알아차리면 편안하게 죽음을 맞이할 수 있게 된다.

인생의 벽

나이가 들수록 들리는 안타까운 소식들이다. 쓰러져 반신불수가 되었다거나 암과 힘겨운 투쟁을 한다거나 혹은 세상을 떠났다는, '생로병사生老病死' 중 '병'과 '사'에 해당하는 소식들이 계속 들려온다.

며칠 전 야구계 '전설의 승부사'로 불리었던 최동원 투수가 암으로 50대 초반의 젊은 생을 마감했다. 최근까지 일련의 사진들을 보면 패기와 불굴의 투혼으로 단단한 스포츠 스타의 몸에서 기가 다 빠져나가 아쉬움이 컸다. 그리고 세계적인 IT업계의 전설, 스티브 잡스가 현직에서 물러났다. 그동안 췌장암 수술, 간 이식 수술 등으로 고치고 치료하며 다독여 온몸이 더 이상 업무를 수행해내기 어려운 지경에 도달한 모양이다. 2000년 애플 CEO로 취임할 당시의 창의적 에너지가 넘치던 통통하고 넓적했던 그의 얼굴은 말갛게 야위었다. 50대 중반, 한창 나이에 그의 앞을 가로막는 질병이라는 벽 앞에서 그는 지금 서 있다.

사람의 삶을 결정짓는 중요한 요인 중의 하나는 '벽'이라고 할 수 있다. 어느 인생이나 한두 번 '벽'이 없을 수 없고, 그 앞에서 어떤 태도를 취하느냐에 따라 인생은 달라진다. 실패나 상실 등 살아갈 용기를 꺾어버리는 고통스런 경험들이 앞을 가로막을 때 우리는 두 부류로 나뉜다. 그대로 허물어지는 그룹과 기어이 벽을 뛰어넘는 그룹이다.

어떤 사람은 거기서 한 단계를 더 올라간다. '~라는 벽에도 불구하고'가 아니라 '~라는 벽이 없었던들'이라며 악조건을 오히려 성공의 기반으로 바꾼다. 최동원 씨나 스티브 잡스가 바로 그런 사람들이다. 두 사람의 공통점은 그대로 주저앉을 수도 있었던 삶을 틀어 성공적 상황을 일궈낸다. 기적과 같은 그 힘의 비결은 바로 자기 일에 대한 열정으로 '초심初心'으로 돌아가는 것이다.

진정으로 좋아하는 일을 하고 그 일에 대한 열정으로 돌아간 불퇴의 초심은 태산을 이루게 하는 한 줌의 흙이고 넓은 바다가 깊은 물이 되게 하는 한 방울의 물이며, 생사의 바다를 건너게 하는 원동력이다.

마음과 수명

내가 잘 아는 부부가 있다. 이 부부는 지난 30년 숨이 턱에 닿게 종종걸음치며 열심히 살아왔다. 이들에게는 휴가며 건강관리는 머릿속에 떠올릴 틈도 없는 '사치'였다. 덕분에 자녀들은 잘자라 독립했고 부부는 이제 노년을 즐겨볼 만한 여유가 생겼다. 남들이 다하는 건강검진 한번 받아볼까 하며 '호사' 정도로 여기며 받은 검진 결과는 충격적이었다. 남편은 간암 4기이고 부인은 목 안에 암이 발견되었다.

부인의 암은 치료가 가능하지만 남편은 어떻게 손쓸 방도가 없다고 한다. 부부는 지금 시골에서 요양을 하며 살고 있다. 정확히 말하면 남은 날들, 부부로서의 마지막 시간을 함께 보내고 있다. 그들은 요즘 어떤 생각을 할까. 삶에 대해 어떤 후회가 있을까.

불교는 인간이 살아가면서 피할 수 없는 고통으로 여덟 가지를 든다. 고통의 시작인 태어남과 덧없이 늙는 고통, 병드는 고통 그리고 죽음의 고통인 생로병사가 네 가지 기본 고통이다. 그에 더해, 살다보면 원수 같은 자와 만나게 되고(怨憎會苦), 사랑하는 사람과 헤어지게 되며(愛別離苦), 갖고 싶지만 얻지 못하고(求不得苦), 식욕 성욕 등 본능적 욕구의 지배로 인생 자체가 괴로운(五陰盛苦) 것이 합쳐져 여덟 가지 고통이 된다. 한마디로 '인생은 괴로운 것'이고 그런 고통은 집착에서 기인하니 집착과 애욕을 버리라고 부처님은 가르치셨다.

중생으로서 살아가는 조건은 바꿀 수 없어도 마음을 바꾸면 평안에 이를 수 있다는 뜻이다. 현대 의학은 그런 마음의 상태를 '행복감'이라고 부르며 행복이 인간의 물리적 조건을 바꿀 수 있다고 말한다. 건강과 수명과의 관계이다. 중년의 나이를 넘어서면 부쩍 가깝게 다가서는 것이 있다. '죽음'이다. 죽음의 소식들이 수시로 날아든다. 평소 못 만나던 지인들을 장례식장에서 연거푸 만나기도 한다.

100% 보장은 못해도 확률로 미리 알고 싶다면 '지금 이 순간'의 마음을 들여다보라는 연구 결과가 나왔다. 지금 '행복하다!'고 느낀다면 사망 위험이 낮다는 것이다. 이 연구는 52세부터 79세까지의 중노년층을 대상으로 조사됐고 그 결과는 행복감이 강할수록 사망 위험이 낮은 것으로 나타났다. 행복감의 정도가 가장 높았던 그룹은 가장 낮은 그룹에 비해 사망률이

35%나 낮았다.

　행복감이란 한마디로 입가에 웃음이 확 퍼지게 하는 느낌, 기쁘고 즐거워 날아갈 듯한 만족감이다. 자동차로 보면 완전 연소되는 질 좋은 기름 같은 것. 불완전 연소되는 나쁜 기름을 계속 쓰면 불순물이 쌓여 엔진이 망가지듯 분노나 걱정, 두려움, 스트레스를 수십 년 주입하면 우리 몸 역시 속으로부터 망가질 수밖에 없을 것이다. 우리 몸이라는 자동차는 순도 높은 행복감을 연료로 원한다. 지금 이 순간 '행복한가' 자주 점검해 볼 필요가 있다. 특히 노년에는 행복이 수명이다. '나는 행복하다. 고로 존재한다'가 된다.

장수 시대

사람 사는 모습은 시대가 바뀌어도 크게 달라지지 않지만 21세기 우리 삶은 이전 세대와 뚜렷하게 구분되는 한 가지가 있다. 그 길이다. 조선 시대 왕들의 평균수명이 47세였다는데 오늘날 80세로 늘어났다. 2020년대에 태어나는 아이들은 기대수명이 100세가 될 전망이라고 한다.

생이 너무 짧아서 아쉬운 것도 문제지만 너무 길어서 가족들이 지치다 못해 무관심해지는 것이 더 큰 문제이다. 장수는 인류의 오랜 꿈이었다. 오래오래 사는 것이 복이라는 데 누구도 의심하지 않았다. 60세 '환갑' 잔치를 할 만큼 평균수명이 길지 않았기 때문이다. 하지만 너무 많은 사람들이 너무 오래 사는 것이 현실이 되면서 장수에 대한 시각이 바뀌고 있다.

일본은 과거 장수가 큰 자랑이었다. 백 세 노인을 '보석'이라고 부르며 귀하게 모셨다. 지금 백 세 노인은 '화석'으로 불린다. 고령층은 사회적 부담이라는 말이다. 21세기 인간에게 장수의 선물을 준 것은 현대 의학이다. 생활환경과 충분한 영양 섭취로 전반적 건강 상태가 개선된 데 이어 항생제에서부터 각종 수술과 치료 등 의학 발전으로 죽을 사람을 살려내고 있다.

그 결과는 노인 인구는 날로 늘어나고 있다. 사회적 화제거리는 "만약에 수명을 선택할 수 있다면 몇 살까지 살고 싶은가"이다. 흥미로운 것은 '오래오래'보다는 '좀 아쉬울 정도'를 원하는 사람들이 늘고 있다는 점이다. 심지어 '오래오래'에 거부반응을 보이기도 한다. 자신이 누군지도 모르는 치매 환자, 약기운으로 생명만 연장하고 있는 환자 등 인간으로서의 품위를 모두 잃어버린 모습을 보다보면 '오래 사는 게 오히려 욕'이라는 생각이 든다는 것이다.

불교적 관점에서 보면 이것은 또 하나의 망상이다. 수명은 선택의 대상이 아니라 연기의 업연에 따르기 때문이다. 현대인의 평균수명이 길어지는 것이 복인지 화인지는 단언하기 어렵다. 그것 또한 사회 공업의 인연 소치이기 때문이다. 하지만 우리가 짚고 넘어가야 할 부분은 생을 마감하는 그날이 언제인지 모르지만, 마음과 몸의 건강을 관리하고 유지하는 최대한의 노력을 기울여야 한다. 병들고 쇠약한 상태로 오래 살아봤자 낙이 없다. 일자리, 의료, 복지 등 사회적 부담이 너무 커진다.

삶의 고수

 가지면 가질수록 더 갖고 싶은 게 인간의 욕심이라는 사실은 최근 재벌가의 유산 싸움으로도 확인이 되었다. 세계 권위의 경제잡지 〈포브스〉 선정 세계 69위의 부자, 자산 수십조 원의 부호가 재산 때문에 형제간 싸움이 재판까지 하는 상황은 이해하기 어렵다. '그냥 뚝 떼어주지' 싶은 건 가진 것 없는 서민들의 감상이 아닐까 싶다. 유산은 고사하고 재판 인지대로 들어갔다는 127억 원이 얼마나 큰돈인지도 보통 사람들은 감이 잡히지 않는다.
 "황금이 소나기처럼 쏟아질지라도 사람의 욕망을 다 채울 수는 없다"는 《법구경》 가르침은 만고불변의 진리이다. 하나를 가진 사람은 열을 갖고 싶어서, 열을 가진 사람은 백을 갖고 싶어 집착하느라 이미 가진 것도 즐기지 못하는 어리석음을 일깨우는 가르침이다. 정도의 차이는 있지만 역사 속에서 또 지금

우리 주변에서 보는 대부분의 모습이다. '소유'에 맞춰진 인생의 나침반을 '존재'로 돌릴 수는 없을까. 소유욕에서 벗어나 존재 자체를 즐길 수는 없을까.

최근 미국에 사는 한 불자로부터 마음을 끄는 싱그러운 뉴스를 들었다. 들꽃 같은 사람의 이야기는 이렇다. 미국 북동부 캔자스시티(Kansas City)의 한 노숙자는 동냥 통에서 낯선 물건을 발견했다. 동전들 사이에 다이아몬드 반지가 들어있었다. 알이 큰 것으로 봐서 진짜라면 꽤 돈이 될 물건이었다. 주인이 얼마나 애타게 찾을까 생각한 그는 반지를 잘 보관해두기로 했다.

그날부터 이틀 동안 다이아몬드 약혼 반지를 잃어버린 사람은 악몽 같은 시간을 보냈다. 그때 문득 떠오르는 게 있었다. 손가락에 발진이 생겨 반지를 뽑아 지갑에 넣었다는 사실, 그리고 지갑 속 동전을 어느 노숙자의 동냥 통에 털어넣었다는 사실. 지푸라기라도 잡는 심정으로 그는 노숙자를 찾아갔다.

"내가 굉장히 소중한 걸 준 것 같은데요."

"반지 말인가요? 내가 가지고 있지요."

탐욕과 불신으로 가득한 세상, 하지만 세상에는 이 모두에서 비켜선 선한 사람들이 있다는 사실을 알게 된 그는 노숙자를 돕기 위한 모금 사이트를 개설했다. 놀랍게도 불과 보름 만에 1억 8천만 원 정도가 모아졌다. 노숙자의 정직성을 통한 선행은 또 다른 선행을 불러낸 것이다.

월산 조실스님 다례재 후 (2011)

말하자면 '선행 바이러스'가 기세를 부리는 것이다. 인간은 생존하기 위해 소유가 필요했다. 먹어야 하고 가져야 했다. 그런데 존재를 위해 필요하던 소유물이 지금은 거꾸로 존재를 속박하고 있다. 돈 있는 자는 돈에, 권력 있는 자는 권력에 끌려 다니느라 온전히 자기 삶의 주인이 되지 못한다.

삶의 가치를 어디에 두느냐에 따라 삶의 모습은 달라진다. 수행자들의 삶이 청빈이 특징인 것은 소유를 덜어내는 만큼 존재에 집중할 수 있기 때문이다. 세상이 부러워하는 '1등'은 아니지만 자신의 가치관에 따라 묵묵히 살아가는 자기 삶의 온전한 주인들, 그들은 인생의 나침반을 '존재'에 맞췄다는 점에서 삶의 고수들이다.

삶과 죽음 사이

지난달 미국 샌프란시스코 공항에서 발생한 아시아나 항공기 사고는 다행히 비행기는 폭발하지 않았고 인명 피해는 기적에 가까울 정도로 적었다. 비행기 사고에서 생사를 가르는 골든타임은 90초라고 한다. 90초 내에 대피하면 살아남을 가능성이 높다는 말이다. 90초가 지나면 죽을 위험이 높다는 말, 죽음은 90초 바깥까지 다가와 있다는 말이 된다.

그날 인천공항에서 비행기를 타면서 승객 중 누구도 상상하지 못했을 일이다. 그럼에도 불구하고, 처참하게 부서지고 시커멓게 불탄 비행기 잔해는 한 가지 분명한 사실을 전해주었다. 죽음은 의외로 가까이 있다는 깨달음이다. 죽음에 대한 우리의 인식은 '태어나는 순간부터 한 걸음 한 걸음 죽음을 향해 다가간다'는 정도이다. 하지만 때로 죽음은 우리가 나이 들기를 기다리지 않고 한순간에 덮친다.

삶과 죽음이 다급하게 가까이 붙어있다는 사실을 잘 보여주는 비유가 '안수정등岸樹井藤' 이야기이다. 경전 가운데 가장 짧으면서도 가장 유명한 《불설비유경》에 부처님께서 복잡한 인생 본질을 몇 마디로 적시한 비유 가운데 하나이다.

어떤 사람이 광야를 지나다가 사나운 코끼리에 쫓겨 언덕 아래의 우물 속으로 피신한다. 위로부터 늘어져있어 넝쿨을 잡고 버티는데 우물 속이라고 안전한 게 아니다. 아래에서는 네 마리의 독사가 혀를 날름거리며 그가 떨어지기만 기다리고, 위에서는 흰쥐와 검은쥐가 번갈아가며 넝쿨을 쏠고 있다. 그런데 그 순간 위에 있던 벌집에서 꿀이 떨어지자 그는 꿀맛에 취해 자신의 위태로운 처지를 까맣게 잊는다.

넝쿨은 생명줄, 흰쥐와 검은쥐는 낮과 밤의 시간을 의미한다. 죽음은 그렇게도 가까이 있는데 중생은 순간의 욕망에 취해 눈먼 삶을 살고 있다는 비유이다.

흰쥐와 검은쥐가 넝쿨을 갉아서 끊어버릴 나이가 아닌데도 사고로, 질병으로 죽는 사례들이 적지 않다. 노후 대비하겠다며 일만 하던 사람이 은퇴 자금 한 푼 못 쓰고 덜컥 쓰러지고, 평생 고생만 하다가 먹고 살 만하니 암에 걸려 안타까운 경우도 있다. 죽음이 언제 어디서 어떤 형태로 찾아들지 우리는 알 수가 없다.

사람을 '네 개의 방이 있는 집'에 비유하는 인도의 속담이 있다. 사람은 육체, 정신, 감정, 영혼이라는 네 개의 방으로 되어 있어서 매일 각 방에 들어가 살펴야 건강하고 풍요로운 삶을 살 수 있다는 것이다. 그런데 많은 경우 어느 한 방에 틀어박혀 사느라 다른 방들을 방치해서 문제가 생긴다. 지금 죽음을 맞는다면 어떤 후회를 할까 짚어볼 필요가 있다.

성공 강박증이 심한 사회, 그래서 잠시라도 손 놓고 있으면 괜히 불안한 사회에 우리는 살고 있다. 삶은 늘 분주하고 복잡해서 가족들조차 얼굴 마주하기 힘들 정도이다. 덕분에 가진 것은 많아졌지만 상대적 결핍감에 만족은 없다. 죽음이 닥치면 놓고 갈 것들, 소유의 비중이 너무 커졌다. 존재에 시선을 돌려야 하겠다. '네 개의 방' 모두 잘 정돈되어 있는지 살펴보자. 삶과 죽음의 사이가 그렇게 먼 것이 아니다.

내면의 세계

요즘같이 누구나 밥 먹듯 사진 찍는 세상에 어떤 사진은 그냥 사진이고 어떤 사진은 작품일까. 똑같은 얼굴을 찍어도 눈에 보이는 모습 이상의 뭔가가 담겨 있을 때 작품이 된다. 얼굴 사진 작품으로 유명한 조세현 작가는 그 작업을 "마음을 훔치는 것"이라고 말한다. 그 사람만의 고유한 그 무엇을 잡아내는 것, 그 내면의 세계를 사진 속에 담아내는 것이다.

'보이지 않는 것'을 찍는 것이다. 내면은 내면에 가서 닿는다. 사진을 보는 사람들은 눈에 보이는 얼굴 속에서, 보이지 않는 그 무엇을 가슴으로 보며 감동을 느낀다. "가장 아름다운 것은 눈으로 보고, 귀로 듣는 것이 아니라 가슴으로 느껴지는 것"이라던 눈멀고 귀먹고 말하지 못했던 헬렌 켈러의 말은 사실이다.

보는 것뿐 아니라 듣는 것도 내면에서 나올 때 힘이 있다. 작곡가들은 보통 작곡을 할 때 피아노 건반을 두드려 음을 들어보곤 한다고 한다. 하지만 독일의 음악가 슈만은 곡이 완성될 때까지 절대로 건반을 두드려 소리를 확인하지 않았다고 한다. 내면의 귀로 소리를 듣는 것이다. '내면의 소리라야 남을 감동시킬 수 있다'는 믿음 때문이다.

벌써 절기로는 가을이다. 돌아보면 특별히 한 일도, 이룬 일도 없는데 허겁지겁 쫓다 어느새 가을의 문턱을 넘어섰다. 인터넷을 매체로한 정보 통신 시대가 되면서 삶은 정말 번잡해졌다. 전화기 하나만 들고 있어도 볼거리, 들을 거리가 끊임없이 밀려든다. 친구의 사돈의 팔촌의 소식까지 다 듣는 세상에 정작 우리가 듣지 못하는 것이 있다. 각자 내면의 소리이다.

홀로 조용히 앉아 마음을 집중하며 마음 깊은 곳의 소리를 듣는 것이다. 내면의 세계와 소통하는 경험은 차단을 조건으로 한다. 외부로 향한 의식을 차단하고 외부로부터 들려오는 소음을 차단해야 내적 경험이 가능해진다. 육체적 장애가 그 존재를 내면의 세계로 이끌기도 한다.

'소리 너머의 소리'를 들은 베토벤이 대표적이다. 피아니스트로 이름을 날리던 그는 20대 중반부터 청력을 상실해 연주를 할 수 없게 되자 작곡에 몰두했다. 들리지 않는 귀, 그래서 마음으로밖에는 들을 수 없는 내면의 소리에 몰입함으로써 그는 악성樂聖이 되었다.

'빛 너머의 빛'을 본 인물로는 17세기 영국의 사상가였던 존 밀턴(John Milton , 1608~1674)을 꼽는다. 밀턴은 30대 중반부터 시력이 나빠지다가 40대에 완전히 실명했다. 어려서부터 눈이 약했는데 학문에 대한 열정으로 눈을 혹사한 것이 원인으로 꼽힌다. 심한 좌절에 빠졌지만 끝내 무너지지 않고《실낙원(Paradise Lost)》등 대표적인 저서들을 실명 상태에서 펴냈다.

자연이 영글어가는 계절이다. 곡식들은 이제 성장을 멈추고 열매를 익게 한다. 훅 불면 날아갈 듯 가벼운 관심거리들로 번잡하던 우리의 의식도 가을에는 영글어야 하겠다. 고요히 내면을 들여다보는 시간이 필요하다. 화두 잡고 참선 정진까지는 못하더라도 마음을 한곳에 모으는 시간을 가져야 하겠다.

마지막 길

소설 《길 없는 길》을 통해 많은 사람들을 불교와 만나게 해주었던 작가 최인호 선생이 불과 68세를 일기로 타계했다. 고인은 독실한 가톨릭 신자이면서 불교에 대해서도 깊은 애정을 가진 작가였다. 그의 수상록 《나는 아직도 스님이 되고 싶다》에서는 이와 같이 밝혔다. "내 정신의 아버지가 가톨릭이라면, 내 영혼의 어머니는 불교다. 그런 의미에서 나는 '불교적 가톨릭 신자'라고 나 자신을 부르고 싶다."

《길 없는 길》은 한국 선불교의 중흥조 경허 스님의 일대기를 소설 형식을 통해 소개했다. 바로 이곳 청계사로 출가한 경허 스님의 도력과 특이한 기행 등 행적을 좇는 형식으로 된 소설이다. 최 작가는 이 소설을 쓰기 위해 이곳 청계사와 수덕사에서 그해 한여름을 머물며 경허 스님의 행적을 좇으면서 불교 공부를 했다. 그 당시 '무이無二'라는 법명도 받았다.

운문사에서

《길 없는 길》을 쓰게 된 사연을 〈책머리에〉서 다음과 같이 쓰고 있다.

경허에 관해 들은 적도 없고 상식도 없던 나는 무심히 경허의 법어집을 읽다가 단 한 줄에서 심혼의 불이 당겨지는 느낌을 받았다. 경허의 선시 중의 한 구절, '일 없음이 오히려 나의 할 일'이라는 구절에서 나는 한 방망이 두들겨 맞은 느낌이었다.
그로부터 나는 경허라는 두레박을 통해서 불교의 우물 속으로 점점 더 깊이 빠져들어갈 수 있었는데 이듬해인 1989년 여름, 〈중앙일보〉에서 연재소설을 써주지 않겠느냐는 권유를 받고 문득 지난 1년 동안 내가 읽고 느꼈던 불교에 관한 놀라운 충격을 신문의 연재를 통해 오늘을 사는 현대인들에게 매일매일 한 줌의 맑은 바람이나 한 잔의 맑은 정화수처럼 전해줄 수 있으면 얼마나 좋을까 하고 생각했던 것이었다.

최 작가는 '경허 스님'이라고 하는 화두를 잡고 고승의 구도의 삶에 천착하면서 불교에 대한 교리나 선의 역사에 대해 전문적으로 담아냈다. 사실적인 접근과 유려한 문장으로 완결시킨 이 소설은 소설적인 재미 또한 만만치 않다. 무엇보다 편향

된 기독교인이 아니라 보편적인 종교인으로서의 자세를 함께 견지했다.

《길 없는 길》은 한국불교 근대사의 위대한 경허 스님과 만공 스님을 축으로 2천6백 년 동안 꺼지지 않고 이어오는 한국불교의 전통을 다시금 소설로 복원시키는 역할을 한 작품으로 평가되고 있다. 《길 없는 길》의 작가가 가는 '마지막 길'에 극락왕생을 기원하며 서산대사의 임종게를 들려주고 싶다.

삶이란 한 조각 뜬 구름 일어남이요
죽음이란 그 조각 구름 스러짐이라네
구름은 본시 실체가 없는 것
살고 죽고 오고 감이 모두 그와 같도다
生也一片浮雲起 死也一片浮雲滅
浮雲自體本無實 生死去來亦如是

나이 예순

 한 봉우리 올라서면 그 앞에는 더 높은 봉우리. 다시 신발끈 조여 매고 숨 가쁘게 올라가면, 정상 정복의 환희도 잠시, 다시 앞을 가로막는 건 더 높은 산. 인생은 차례로 다가드는 산봉우리 등정 같다. 초등학교, 중학교, 고등학교, 대학진학의 가파른 봉우리, 취직이라는 높은 산 그리고 나면 승진, 결혼, 자녀양육…. 매 시기마다 넘어야 할 산이 있다.
 그러다가 어느 시점이 되면 눈앞에 펼쳐지는 것은 가없는 벌판이다. 더 이상 넘어야 할 산이 없다. 어제를 살았듯 오늘을 살고 오늘 같은 내일이 이어진다. '산'이라는 목표에 집중하던 젊은 날의 투지와 열정은 더 이상 내 것이 아니고 아련한 추억으로서 편안하다. 그렇게 노년은 찾아든다. 인생 제3의 시기, 노년기로 들어서는 문턱을 예순 즈음으로 보면 적당할까?
 꿈보다는 현상 유지, 도전보다는 자족을 삶의 지혜로 타협

하는 시기이다. 적당히 포기하고 반쯤 체념한다. 살던 대로 살아갈 뿐이다. 그러나 의료 기술의 발달과 첨단 과학의 발전은 우리의 수명을 연장시켰다. 이제 나이 60의 환갑에 '잔치'라는 말은 거의 듣기 힘들다. 그저 여느 해처럼 단지 또 하나의 일 년일뿐이다. 나이 60을 전혀 다르게 맞을 수도 있다고 한 여성이 몸으로 웅변했다.

쿠바에서 플로리다까지 177Km를 수영으로 횡단한 다이애나 나이아드(Diana Nyad)라는 여성이다. 상어와 독성 해파리들을 피해가며, 졸음과 탈진을 극복하며 장장 53시간에 걸쳐 상어 방어용 철창 없이 맨몸으로 바다를 횡단한 최초의 기록이 되었다. 잠자지 않고 가만히 있기도 힘든 긴 시간, 한 뼘 한 뼘 망망대해를 건넜던 것이다. 그는 젊은 시절 장거리 수영 선수였다. 그리고는 30년 그는 물을 떠나 살았다. 수영 선수로 얻은 명성 덕분에 스포츠 저널리스트, 저술가 등으로 꽤 성공적인 삶을 살았다.

그러던 그가 수영을 다시 생각한 것은 60세 생일을 맞으면서였다. 29세 때 도전했다 실패한 쿠바-플로리다 횡단이 못 다한 꿈으로 고개를 들기 시작했다. 그는 30년 만에 다시 바닷물로 뛰어들었고 필생의 목표를 완수했다. 그 힘든 일을 왜 시작했을까. 꿈을 갖기에 60은 늦은 나이가 아니란 걸 세상에 증명해보이고 싶어서였을까.

나는 누구인가, 어디서 와서 어디로 가고 있는가. 예순 즈음에는 짚어보아야 하겠다. 관성의 법칙대로 살아가기에 여생은 길고, 삶은 지루하다. 이루지 못해서 가슴 아린 꿈은 무엇인지, 마음의 창고 속에는 어떤 회한들이 있는지, 정신적 재고 정리가 필요하다. 그리고 새로 태어난 듯 다시 시작한다면 노년의 삶에도 열정이 찾아들 것이다.

후회 없는 삶

초강력 태풍이 필리핀에서 수많은 사람들의 '내일'을 앗아갔다. 2,000을 훌쩍 넘은 사망자 수가 앞으로 얼마나 더 늘어날 지 알 수 없고, 목숨은 건졌으되 목숨보다 귀한 가족을 잃어 '내일'이 의미가 없는 사람들이 부지기수이다. 때로 행복해하고 때로 아파하며 소박하게 이어왔을 어촌의 삶들, 바로 전날까지도 이제부터 잘하면 되리라 했을 희망들에 더 이상 기회는 없었다.

  무자비한 태풍은 우리에게 '죽음을 기억하라'고 경고한다. 삶은 유리잔처럼 한순간에 깨어질 수 있는 것, 유한성을 전제로 살아가라는 경고이다. 영원히 곁에 있어줄 것 같은 '내일', 그래서 이제부터 잘하면 되겠지 싶은 '내일'이 어느 순간 사라져버린다. 인생은 유한하며 태어나는 순간부터 죽음 향한 행진이라는 걸 우리는 머리로 알고 있지만 그런 생각이 의식의 언저리로 찾아들기까지는 시간이 걸린다.

최근 '죽음 카페(Death Cafe)'라는 모임이 유럽을 중심으로 활발하게 생겨나고 있다고 한다. 터부가 되어온 '죽음'을 전면으로 끌어내 화제로 삼아 허심탄회하게 이야기하는 '카페'는 죽음에 대한 두려움을 넘어서고 삶을 보다 충실하게 살자는 운동이다.

'죽음 카페' 운동은 지난 2004년 스위스의 사회학자인 베르나르 크레타즈(Bernard Crettaz, 1938~2022) 박사가 처음 시작했다. 인류학자이기도 한 그는 현대인들이 죽음과 너무 동떨어져 산다는 데 주목했다. 죽음이 없는 듯 살기 때문에 삶의 방식에도, 죽음에 대한 대비에도 문제가 있다는 것이다. 그는 죽음과 친구처럼 가깝게 지내는 것이 자연스럽다고 믿는다.

죽음을 생각하면 무엇이 달라질까. 삶을 보는 관점이 달라진다. '죽음 카페' 참석자들이 '죽음'에 대한 거부감을 넘어서면서 관심을 쏟는 것은 '죽음'이 아니다. '삶'이다. 삶을 최대한 즐길 것, 다른 이들에게 기쁨을 줄 것, 소중한 사람들에게 그들이 얼마나 중요한지 알게 할 것, 내가 그들을 얼마나 사랑하는지 알게 할 것 등이다.

나이 들면서 삶의 소중한 것들을 잊어버리는 수가 있다. 지루함 때문이다. 수십 년 살다보면 주변 사람도 일도 풍경도 너무 익숙해서 그 진가를 잊어버린다. 감동할 대상에 감동하지 않고 감사할 것에 감사하지 않으면서 삶은 타성에 젖어 무한대처럼 이어진다. '죽음'이라는 렌즈로 삶을 들여다볼 필요가 있다. 삶이 당장 내일, 한 달 후 혹은 1년 후 끝난다면, 시한부 통보를 받았다면 어떻게 될까. 초점 안 맞은 카메라 렌즈처럼 뿌옇던 삶에 불현듯 초점이 맞춰질 것이다.

  삶에서 중요한 것이 무엇인지, 어디에 시간을 할애해야 할지 우선순위가 선명하게 드러날 것이다. "오늘이 세상의 마지막 날이라면 무엇을 할까?" 후회 없는 삶은 그 물음에서 시작된다. 어떻게 하면 후회 없는 삶을 살 것인가 깊이 생각하는 시간이 되었으면 한다.

얼마나 살아야

독특한 저음의 가수, 시인이자 소설가이며 불교신자로 한때 출가까지 했던 세계적으로 유명한 미국인 레너드 코헨(Leonard Cohen, 1934~2016)이 나이 60세가 되어 캘리포니아의 마운트벌디 선원으로 들어가 검은색 가사를 입고 눈 치우고 정원을 돌보며 공양간 일을 하는 이외에는 좌선을 하며 4년의 세월을 지냈다.

그가 '80년의 생'을 기념하면서 "젊어서는 할 수 없었지만 이제는 할 수 있는 게 많이 있다"고 했다. 그중 하나가 그에게는 흡연이었다. 음색과 음악이 담배연기와 잘 어울리는 그는 골초였다고 한다. 줄담배를 피우던 그가 무슨 연유에서인지 50세에 담배를 끊었다. 그리고는 "80세가 되면 담배를 다시 피우겠다."는 말을 수시로 해왔다고 한다. 드디어 그날이 오고 그는 담배에 불을 붙였다. '나이 80, 이만하면 살만큼 살았다. 언제 죽어도 여한은 없다. 그러니 건강 걱정은 그만 접자.' 아마도 그는 이런 생각을 했을 것 같다.

코헨의 흡연 선언은 이 시대의 두 가지 진리에 도전한다. '흡연은 나쁘다'와 '오래 살수록 좋다'이다. 이것은 누구도 이의를 달지 않고 진실로 받아들이고 있다. 아울러 점점 늘어나는 기대수명은 '장수'를 우리의 당연한 소망으로 자리 잡게 했다. 너나할 것 없이 80이 넘어도 암 걱정에 정기 검진을 빼놓지 않는 것이 자연스런 일이 되었다. 코헨의 '담배'는 이런 흐름에 등을 돌리는 행위이다.

그의 주장은 '80대, 90대까지 장수하는 게 반드시 좋은 건 아니다. 삶의 질을 대가로 치러야 한다. 75세 넘으면 육체적 정신적 기능에 문제가 온다. 그보다 더 오래 살면 가족들에게도 사회적으로도 부담이 된다. 생명 연장을 위한 어떤 치료도 받지 않고 자연스럽게 늙음과 죽음을 맞겠다'는 것이다. 찬반을 떠나 코헨이 전하는 메시지가 있다. 끝에 대한 인식이다.

그래서 젊어서는 건강 지침 잘 따르는 것이 중요하지만 어느 나이 이상이면 미래의 건강보다 지금 당장의 즐거움을 챙기는 것이 현명할 수 있다. 코헨이 담배를 다시 집어든 이유이다. 건강 걱정 때문에 하고 싶은 것 한번 못 해보고 죽는다면 그 또한 가엾은 일이다.

끝을 끝으로 받아들이면 죽음 앞에서 의연할 수가 있다. 천재 물리학자 아인슈타인은 76세에 복부 대동맥류로 사망했

월산 조실스님 탄신 100주년 기념(2012)

다. 의료진이 수술을 권했지만 그는 거부하며 "인공적으로 생을 연장하는 것은 격이 없다. 내 할 일 다 했고, 이제는 갈 때이다. 우아하게 가련다"라고 했다고 한다.

얼마나 오래 살면 여한이 없을까? 사람마다 건강 상태가 다르고 생각이 다르니 바라는 수명도 다를 것이다. 하지만 어느 나이가 되면, 그것이 75세든 80세든, 생명에 대한 집착을 내려놓는 자세는 필요하다. 고통과 불행의 시작은 애착에서 비롯된다. 인연에 순응하는 삶은 격이 있다.

고해

희망과 기대로 시작한 2014년 갑오년 청마靑馬의 해도 이제 얼마 남지 않았다. 덜렁 한 장 남은 달력을 보면서 어김없는 시간의 흐름에 숙연해진다. 지난 연초에 각자가 계획한 일들을 얼마나 실천했는지 차분히 나를 뒤돌아볼 때가 된 것이다.

2014년 연초에 전국 대학의 교수들이 올 한 해를 기대하는 사자성어로 불교 용어에서 나온 '전미개오轉迷開悟'를 뽑았다. '번뇌로 인한 미혹에서 벗어나 열반을 깨닫는 마음에 이른다'라는 뜻으로 '온갖 거짓과 속임수에서 벗어나 진실을 깨닫자'라는 현실적 의미가 담겼다. 거짓과 속임수는 결국 우리를 고통으로 몰고 가게 된다.

부처님은 일찍이 인간의 모든 고통의 시작을 어리석음이라고 했다. 이 어리석음은 자기합리화와 같은 무지에서 발생하며 그 무지함의 마음은 자신과 타인에게 무자비한 폭행이 될 수 있기 때문이다. 더욱 경계해야 할 것은 타인의 아픔과 고통을 이해하지 못하고 자기 식대로 살거나 나의 잘못을 자각하지 못하면 그 실수를 자꾸 반복하게 된다는 점이다. 그런데 지난 1년을 돌이켜 보면 정치력 신장의 이정표가 된 소식도 있었지만 각종 거짓과 허위 속에서 대형 사건 사고가 잇따르는 등 국민들의 마음에 상처가 깊었다.

특히 세월호 침몰은 우리 사회에 뿌리 깊게 내재된 부패와 비리 및 안전 불감증 등의 민낯을 있는 그대로 드러내 보이며 근본을 되돌아보게 하는 대참사였다.

한편 연말이 되니 '슬픈' 선행 소식들이 또 들린다. 절제와 억제로 평생을 살아온 분들이 안 먹고 안 입으며 모은 목숨 같은 돈을 불우 이웃 돕기 성금으로 내놓는 선행이다. 시장 좌판에서 나물 팔던 할머니, 김밥 팔던 할머니들의 기부는 너무 숭고해서 슬프고, 슬퍼서 속이 상한다. 제발 기부하지 마시고 당신 여생을 편히 사시라고 말하고 싶다.

하지만 단 하나 억제하고 싶지 않은 욕망이 기부라면 그분들은 마땅히 그 욕망을 충족시킬 권리가 있다. 얼마 전 부산에서 85세의 독거노인이 전 재산 3천5백만 원을 이웃 돕기 성금으로 내놓았다고 한다. 6.25전쟁 때 총상을 입어 장애가 있는 그 할아버지는 평생 독신으로 노점을 하며 살았는데, 생필품 외에는 거의 돈을 쓰지 않아 그만한 돈을 모을 수 있었다. "앞으로 살면 얼마나 살겠나"싶은 생각에 돈을 기부하기로 했다고 하자 구청의 담당 여직원은 2천만 원을 불우 이웃 돕기 통장에 입금하도록 안내했다. 그리고 나머지 1천5백만 원은 "맛있는 거 사드시며 갖고 계시다가 나중에 또 기부하시라"고 설득했다고 한다. 할아버지의 마음도 아름답고 구청 직원의 마음도 아름답다.

부처님은 사바세계를 고해苦海라고 했다. 고해라는 것은 바다에 파도가 한순간도 일렁거리지 않는 때가 없는 것처럼 우리 인생도 한순간도 정지되거나 머물지 않고 무엇인가 변해가는 그 의미이다. 또 다른 표현으로 참고 견디는 세계라는 뜻으로 감인堪忍이라고 한다. 변화에 필수적으로 따르는 과정이다.

죽음 준비

세상에는 우리가 두 눈으로 바로 쳐다볼 수 없는 두 가지가 있다고 한다. 태양과 자신의 죽음이다. 태양은 빛이 너무 강해서 눈을 멀게 하고, 죽음은 생명이 끝난 상태이니 바라볼 눈이 없다. 태양도 죽음도 영원히 직접 볼 수는 없겠지만 과학의 발달로 이해는 할 수 있게 되었다.

죽음에 대한 의학적 이해가 인간에게 새로운 권리를 부여하고 있다. 의학적으로 회생 가능성 없는 환자들이 불필요한 고통에서 벗어날 수 있도록 죽음을 선택하는 권리이다. 불치병 환자가 생과 사의 고비에서 도저히 생으로 돌아올 가능성이 없다면 차라리 삶을 끝낼 권리 즉 품위있게 죽을 권리를 주는 것이 보다 인도적이라는 견해가 전 세계적으로 확산되고 있다.

우리나라는 존엄사가 허용돼 시행을 앞두고 있다. '존엄사법'이 국회를 통과했기 때문인데 유예기간을 거쳐 2018년부터 시행된다. 존엄사법안은 환자가 의식이 있을 경우에는 환자가 요구하거나, 의식이 없을 경우에는 가족이 평소 환자가 연명 치료 거부를 원했다는 것을 의료진에게 전달하고 의료진이 치료를 통한 회복이 불가능하다고 판단할 때 존엄사를 가능하게 했다.

불교에서는 인간이 반드시 겪어야만 하는 네 가지 고통, 즉 태어나고 늙고 병들고 죽는 생로병사의 괴로움에서 벗어나는 것이 중요한 과제이다. 죽음을 네 가지 고통의 하나로 삶의 과정 속에 포함해 생각한다. 존엄사가 죽음이라고 하는 고통을 구하는 목적과 일치될 수 있다면 불교는 존엄사를 수용할 수 있다.

"한 고비만 넘으면 되는데 그게 그렇게 어렵구나. 저승 문 앞까지 갔는데, 그 문턱 넘기가 이렇게 힘이 드는 구나." 80대 초반 노구로는 감당하기 힘든 대수술을 마친 후 중환자실에서 한동안 의식이 없다가 깨어나서 간절하게 회생하기를 기다려온 가족들에게 한 말이었다고 한다. 이 노보살님은 가족들과는 정반대 방향의 고비를 생각하고 있었던 것이다. '살아야겠다'보다 '가야겠다'는 의지가 강했던 것 같다.

기능이 마비된 몸으로 남의 도움에 의존해 연명하는 삶, 그래서 어머니로서 할머니로서 한 인간으로서의 품위를 포기해야 하는 삶을 살고 싶지 않으셨던 것 같다. 중환자실에서 나오지 못한 채 노보살님은 기어이 저편 고비를 넘으셨다. 삶의 끝, 죽음 앞에서 우리는 어느 정도의 선택이 가능할까.

잘해야 개인적 의지의 영역이던 '선택'이 법의 영역으로 들어왔다. 치유 가능성이 없는 환자에게 무작정 생명 연장을 하는 것, 늙어서 병들어 죽어가는 것을 억지로 살리는 것, 이미 뇌사했는데도 산소호흡기 꼽아 놓고 억지로 붙들고 있는 것이 생사의 인연법에 따르는 것으로 볼수 있는 것일까? 오직 살아있는 사람들의 집착이다. 생명과는 아무 관계가 없다.

준비 없이 맞기에는 죽음이 너무 복잡해졌다. 연명 치료가 발달해 사전 의사 표시가 없으면 환자는 죽고 싶어도 죽을 수가 없다. 삶의 질인가, 수명 연장인가. 미리 선택해두는 것이 죽음 준비의 시작이다.

삶의 기술

2018년 무술戊戌년 새해가 밝았다. 한반도 핵무기를 중심으로 한 국제정세가 세상을 뒤흔들어 다사다난할 한 해를 예고하는 속에서 개개인에게 가장 큰 일은 안녕과 행복일 것이다.

돌아보면 살아온 세월이 수십 년이다. 매일 삶 속으로 찾아드는 기쁨, 슬픔, 분노, 절망… 이제는 좀 다스릴 줄 알 때도 되지 않았을까, 이런 것들에 일희일비하지 않고 의연하게 대처할 수는 없을까, 새해가 되면 한 번쯤 짚어보게 된다.

삶에도 분명 익혀야 할 기술이 있다. 하루하루는 인생을 만들어 내는 피와 살이다. 오직 현재의 순간만이 진정한 기쁨을 만끽하는 '시간'이다. 한 치 앞도 모르는 현실 앞에서 언제든 죽을 수 있다는, 인생무상의 유한한 존재임을 수용하고 지금 이 순간을 더욱 소중하게 여기며 마음을 집중하는 것을 연습하면서 익히는 것이다.

공부를 하는 것도, 직장에 다니는 것도, 가정을 꾸리는 것도, '왜 당신은 이쪽입니까'라고 진지하게 묻는다면, 아마 많은 사람들은 '행복하기 위해서'라고 답을 할 것이다. 그런데 행복하기 위해서 이 길을 선택했지만 막상 길 위에서 행복하게 걷고 있는 사람을 찾는 것은 쉽지 않다. 과거를 보고 미래를 예측하느라고 걷고 있는 '지금, 여기'를 진지하게 살고 있지 않기 때문이다.

미국 버클리대학에는 안녕과 행복에 대해 연구하는 부설기관이 있다. '그레이터 굿 과학 센터'라는 기관의 연구에 따르면 감사를 연습하고 타인에 대한 배려를 실천하며 마음 집중으로 지금 이 순간을 즐기는 삶을 익히면 무거웠던 삶의 무게가 가벼워지면서 평안과 행복이 찾아든다고 한다. 평안과 행복은 연습하고 익혀서 얻는 기술이라는 것이다.

안녕과 행복의 기술을 익히는 방법의 하나가 매일 아침 일어나 거울을 보며 웃는 것이다. 웃으면 뇌에서 도파민과 세로토닌이 분비되면서, 행복감을 높여주고 스트레스를 낮춰주며 면역 기능을 활성화함으로써 장수를 돕는다고 한다. 거울 속 웃는 나를 보면 웃음의 효과는 배가하는데 행복해서 웃는 것이 아니라 웃으니 행복해지는 이치다. 힘들 때마다 허허 웃는 작은 미소, 그 긍정의 마음이 삶에 눌리지 않고 끝까지 살아내게 하는 것이다.

상좌들과 함께 교토 동사 오중탑 앞에서(2017)

《금강경》제1분에서는 부처님의 평범한 하루 일상을 그대로 보여줌으로써 가르침을 열고 있다. 가사를 입고 발우를 들고서 걸식하러 사위대성에 들어가 차례로 걸식하고 나서 본래 머물던 곳으로 돌아와 식사를 마치고, 가사와 발우를 제자리에 놓고 발을 씻은 다음 마련된 자리에 앉으시는 부처님의 일상 하나하나의 행위가 그대로 마음 집중의 수행이다.

우리들 삶과 부처님 삶이 전혀 다른 것이 아니다. 똑같이 먹고 자고 걷는다. 그러나 부처님은 깨어있는 정신으로 오직 그것을 하실 뿐이며, 매 순간순간 최선의 삶을 사셨다. 우리들 또한 그대로 깨달음을 삶 속에서 피어오르게 할 수 있다. 어디로 갈까 망설이지 말고, 자꾸 욕망을 일으켜 도달할 곳을 찾지 말고, 번뇌와 집착으로 이 순간을 놓치지 말고 지금 바로 이 자리에서 부처님의 삶과 하나 될 수 있다. "매 순간순간 깨어있으라." 그것이 부처님의 행이고《금강경》의 실천이다.

서양의 공자라고 칭송받는 미국의 철학자이자 교육학자 존 듀이(John Dewey, 1859~1952)도 교육을 미래의 삶을 위한 준비로 여기지 말라고 충고하였다. 우리나라 현실은 대부분 부모들은 자녀들이 학교 공부를 하면서 오로지 대학 입시를 위해 현재의 즐거움과 욕구를 송두리째 포기할 것을 강요하고 있다. 공부의 유일한 목적을 바로 대학 입시라는 외적인 보상에 두고 있는 것이다. 하지만 존 듀이는 어린아이들이라 할지라도 현재의 삶이 자신에게 의미가 있어야 한다는 점을 역설하면서 공부의 과정에서 탐구와 발견을 매우 중시하였다.

그러므로 자기주도적인 학습 능력을 가진 학생은 아무리 간단한 원리나 지식을 배우더라도 단순하게 교사가 알려주는 대로 알게 되는 것이 아니라 자신의 삶과 긴밀한 연관 속에서 배워나간다. 단순한 덧셈 뺄셈을 배우더라도 단순하게 규칙을 외우는 것이 아니라 삶과 연관지어 하나의 경이로운 발견을 하면서 알게 된다.

우리는 미래의 불안, 미지의 두려움을 가슴 깊이 안고서 그걸 해소하기 위해 현재를 늘 희생양으로 바쳐가며 살아왔다. 그러니 지금은 힘들지라도 더 배워야 했고, 한순간이라도 더 애써야 했으며 끊임없이 갈구하고 욕망해야만 했다. 하지만 그렇게 살다보니 늘 불안과 공포의 연속이 되었고, 행복과 희망은 미래의 어느 순간으로 한없이 밀려날 뿐이었다. 우리는 일상에서 기쁨, 즐거움, 행복, 사랑, 아름다움 같은 긍정적 감정을 제대로 수확할 수 있도록 매 순간을 소중하고 충실하게 살아야 한다.

전 세계 74억 인구 중에서 손금이 같은 사람은 하나도 없듯이 사람들은 저마다 특별한 존재들이다. 그런 만큼 다른 사람을 배려하며 순간순간을 즐겁게 지내기 바란다. 과거나 미래에 초점을 맞추는 대신 감사와 배려를 실천하면서 지금 이 순간 마음을 담아 집중해서 살아가기 바란다.

수희공덕

불자들의 깨달음을 위한 수행과 신행의 길잡이로 청계사가 발행해온 월간 문서포교지 〈청계사보〉가 지령 200호를 맞이했다. 지난 2002년 음력 정월 초하루 날짜로 창간해 햇수로만 17년째, 한 달도 거르지 않고 부처님 가르침을 전해온 것이다.

　보시 중의 최상의 보시인 법보시法布施 실천을 선도하며 문서라는 매체를 통해 시공을 넘어서 불교를 알기 쉽게 안내했고, 지역사회에 부처님 가르침 안에서 행복한 삶을 볼 수 있도록 인연을 지었다. 특히 외롭고 어려운 사람들에게는 따뜻한 삶의 희망을 전하며 근본적으로 모두 소중한 불성을 지닌 귀한 존재임을 되돌아보고 깨닫도록 역할을 했다.

　나아가 근대 한국불교 선의 중흥조이신 경허 대선사의 출가 사찰로, 대선사의 선맥禪脈을 이은 만공, 보월, 금오, 월산 큰스님 등 다섯 분 대선사들의 법력이 올곧이 담긴 청계사의 역사

성과 상징성을 기려 선불교의 생활화에 도움이 되고자 노력하며 앞장서왔다.

《법화경》〈신해품信解品〉에는 사리불이 부처님께 수기를 받은 것을 보고 가섭존자를 포함한 사대성문四大聲聞이 함께 희유한 마음으로 한없이 기뻐하는 모습을 볼 수 있다.

이때 가섭존자의 기쁨에는 질투와 상, 가식과 같은 것은 없었다. 자기가 받는 수기도 아님에도 가섭존자가 함께 기뻐한 것은 바로 수희공덕隨喜功德을 일깨우는 모습이다. 더 나아가 가섭존자는 사리불의 수기를 보며 자신도 수기를 받고 싶어 하는 마음을 내고 원을 세우게 된다.

가섭존자는 수희공덕을 통해 스스로 마음을 관하면서 내가 진정으로 원하는 것은 무엇인지, 그것을 얻기 위해 어떤 노력을 기울여야 하는지를 깨닫고 있다. 사리불 역시 함께 기뻐해주는 도반들을 보면서 쉼 없는 정진을 발원한다.

수희공덕은 바로 깨달은 도반과 그렇지 못한 도반이 함께 수행하여 도를 이루리라고 서로를 격려하는 서원의 장인 셈이다. 법당 안에 향을 하나 피워놓으면 향을 피운 사람도 향냄새를 맡고, 법당 안에 있기만 해도 사람들은 향냄새가 맡아진다. 직접 향을 피우지 않더라도 누구나 좋은 향냄새를 맡는 것처럼 '수희'하게 되면 모두 함께 좋은 향냄새를 맡게 된다.

〈청계사보〉는 200호 발행을 맞아 부처님 가르침을 일상생활 속에서 수행하고 신행하는 데 함께 기뻐하고 스스로도 기뻐지도록 수희공덕을 지어야겠다. 수희찬탄하면서 부단히 실천하여 나누고 함께하는 기쁨으로 행복한 삶의 문을 여는 이가 될 것이다.

    원하오니 법계의 모든 중생들과 함께
    다 같이 중생을 제도하고
    나와 남이 일시에 불도를 이루게 하소서

마음의 위치

40년 넘게 호스피스 활동에 헌신하고 있는 세계적인 말기 환자 전문 의사인 아이라 바이오크(Ira Byock) 박사는 수많은 환자들의 마지막을 보면서 《가장 중요한 네 가지》라는 책을 썼다. 상처받은 마음들을 다독여주는 네 마디의 말이다. "고마워" "사랑해" "나를 용서해줘" "너를 용서할게"이다.

생의 마지막이 되면 사람들의 마음은 단순해진다. 성공이나 돈 같은 것들은 부차적인 것이 되고 가장 중요한 관심 사안만 남는다. 바로 사람이다. 가까운 사람들과의 관계이다. 생의 마지막까지 기다릴 필요는 없을 것이다. 중요한 네 가지 용서와 감사와 사랑의 마음에 이끌려 산다면 삶은 살만할 것이다. 용서하니 사랑스럽고, 용서받으니 감사한 것이다.

일체유심조—切唯心造(모든 것은 마음의 조화)이다. '일체유심조'를 아주 쉽게 풀어 납득가게 하는 글로 독일 철학자 헤겔(Georg

Wilhelm Friedrich Hegel, 1770~1831)이 한 말이 있다.

마음의 문을 여는 손잡이는
마음의 안쪽에만 달려 있습니다.
그래서 당신의 마음을 닫는 것도 여는 것도
모두 당신의 자유일 뿐이지
결코 다른 사람이 강제로 열거나 닫을 수 없습니다.
만일 당신이 과거의 상처와 원망 미움으로 인해
누군가에게 마음을 닫아버렸다면
당신의 닫힌 마음을 열 수 있는 사람은
바로 당신뿐입니다.
마음의 문을 여는 손잡이는
마음의 안쪽에만 달려 있기 때문입니다.

누군가를 용서하는 것은 자기 마음의 문에 채워진 자물쇠를 열고 손잡이를 돌리는 것이다. 그때 자물쇠를 여는 것은 지금까지 용서하지 못했던 자신의 마음, 두려움으로 아무것도 할 수 없었던 스스로의 마음을 용서하는 것이다.

백두산 천지, 문재인 대통령, 김정은 북한 국무위원장. 상상으로도 연관 짓기조차 어려웠던 부조화가 조화를 이루었다. 지난 9월 남한과 북한의 두 정상은 백두산 천지를 배경으로 맞잡은 손을 높이 들어올렸다. 70년 되는 세월을 한민족은 이렇게 먼 길을 건너왔다. '적대'에 고정되었던 마음을 '화해'로 돌리니 새롭고 낯선 길들이 열리고 있다. 이것은 마치 지구는 움직이지 않는다는 생각을 단념할 때 비로소 혹성의 운동 법칙을 발견할 수 있는 것과 같다. 이렇게 국가도, 개인도 다르지 않다.

절망에서 희망으로, 부정에서 긍정으로, 적대에서 화해로 건너가는 길은 마음의 문을 여는 것이다. 지옥 같은 고통의 원인인 누군가를 혹은 무언가를 정면으로 맞아들이는 것이다. 보수 정부를 싸잡아서 '적폐'로 몰아버리면 화해가 불가능하다. 상대편 약점들을 마치 상대방의 본질인 것처럼 주장하게 되면, 화해가 불가능해진다.

서로가 상대편이 거짓말을 한다고 주장하면 적대 세력으로 바뀌어버리게 된다. 증오 말고 포용, 공감과 배려가 우리 삶의 희망인 것이다. 마음의 위치가 삶을 결정한다. 삶은 세상과 내가 빚어내는 합작품이다. 앞에 펼쳐지는 상황과 그걸 대하는 나 사이의 조율로 삶의 내용은 결정된다.

일본 광륭사에서 상좌들과 함께(2017)

거짓말

사람은 얼마나 정직할 수 있을까. 정직은 최선의 정책이라고 하지만 '사람은 누구나 거짓말을 한다'는 것이 점점 정설로 받아들여지고 있다. 거짓말은 인간의 진화 과정에서 습득된 일종의 '생존술'이라고 학자들은 말한다. 언어를 갖게 된 직후부터 사람들은 거짓말을 하기 시작했다는 것이다.

인류 조상들은 때로는 작은 이익을 위해, 위기를 모면하기 위해 혹은 남의 기분을 생각해서 이런 저런 거짓말을 하면서 속기도 하고 속이기도 하며 살아왔다. 이런 맥락에서 거짓말을 잘하는 것도 능력이라면, 거짓이 탄로 나도 끝까지 우기는 것이 기술이라면 요즘 우리 사회에서 그것은 생존 기술을 넘어 거의 '출세 기술'이 되었다.

거짓말이 가장 크게 판을 치는 곳이 정치다. 정치라는 한자의 '정政'은 '바르게 다스리다'라는 뜻을 갖는다. 그러나 정치인들은 권력을 잡으면 자기 마음대로 '다스리는' 데에만 골몰하지 '바르게' 하려 들지 않아 보인다. 거짓말에 한 치의 거리낌이 없는 정치인들이 나라를 다스리고 있고, '거짓말이다 아니다'의 싸움을 벌이고 있다.

더 깊이 들여다보면 '거짓말인지 아닌지' 그 자체보다는 자신들의 정치적 이익에 부합하는지 안 하는지에 온통 관심이 쏠려 있는 서글픈 현실이다. 심지어 같은 정치인인 한 국회의원은 정당 대표나 주요 정치인들이 공개적인 자리서 세 번 이상 거짓말하면 퇴출시키는 삼진아웃제를 적용하자는 제안을 받았다며 토론회를 열어 의견을 모아보자고까지 하였다니 그동안 정치인들의 말 바꾸기, 말 뒤집기, 말 부인하기를 짐작하게 한다.

모든 불자들이 반드시 지켜야 하는 불자의 기본 계율인 오계에 '거짓말을 하지 말라'는 계율이 있다. 부처님의 도리에도 거짓은 용납하지 않는다. 남을 속이는 말은 모두 허언이며, 그것이 곧 인간이 저지르는 죄악의 실마리가 되기 때문이다. 부처님의 원음이라고 알려진 초기 경전 《앙굿따라니까야》에서 부처님은 이렇게 가르치셨다.

여기 어떤 사람은
자기 스스로도 거짓말을 하고
남에게 거짓말을 하도록 교사하고

거짓말 하는 것에 동의한다.
이러한 세 가지 법을 갖춘 자는
마치 누가 그를 데려가서 놓는 것처럼
반드시 지옥에 떨어진다.

거짓말을 하는 사람, 그것도 모자라 거짓말을 교사하거나 거짓말에 동의하는 사람, 이런 사람들을 우리는 '거짓말쟁이'라고 부른다. 거짓말쟁이가 받는 최대의 벌은 그가 진실을 말해도 아무도 믿어주지 않는 것이다. 그것은 신뢰의 종자가 끊어졌기 때문이다. 결국 다른 사람들이 내 곁을 떠나 누구도 곁에 남아있지 않은 외톨이가 되는 날이 오게 된다.

벌새의 기적

불과 두 달 전 40도에 육박했던 폭염으로, 끝나지 않을 것 같았던 여름을 뒤로하고 찾아온 쌀쌀한 날씨에 올 겨울이 사뭇 걱정된다. 지구온난화로 사계절이 위협받고 기후와 환경은 시시각각 변하고 있다.

과학의 눈으로 지구의 미래를 보는 과학자들의 경고가 예사롭지 않다. 지구온난화는 단순히 기온만 높아지는 것이 아니다. 고온 건조한 기후로 산불은 더 심해지고, 바닷물 온도 상승과 함께 허리케인의 빈도와 강도가 높아지고, 빙하가 녹아 해수면이 높아져 해안 지대 주민들은 집을 잃게 될 것이며, 더운 날씨에 질병이 창궐하고, 극한의 가뭄으로 식량 부족 사태가 생겨 인류를 위협하게 될 것이라고 과학자들은 경고한다.

이를 증명하듯, 지난달 국제기구인 '기후변화에 관한 정부 간 협의체(IPCC)'가 인천 송도에서 총회를 열고 〈지구온난화 1.5

도) 특별보고서를 채택했다고 한다. 보고서 내용은 산업화 이전 대비 지구 온도 상승폭이 1.5도를 넘어서는 순간 지구의 환경은 완전히 바뀌고 인류의 생존이 심각하게 위협받게 되는데, 지금 추세대로라면 2030년이면 1.5도에 도달한다는 내용이다.

국가 차원의 정책 변화가 시급한데 모두가 미온적이다. 일종의 '공유지의 비극'이다. 동네에 좋은 목초지가 있으면 목동들이 경쟁적으로 소나 양을 몰고 와 풀을 뜯게 해서 결국은 풀이 사라지고 가축을 키울 수 없게 되는 것과 같은 비극이다.

한편 기후변화라는 지구적 문제 앞에서 개인으로서 우리는 무력감을 느낀다. 나 한 사람 노력한다고 뭐가 달라질까 하는 생각이다. 환경운동가들이 즐겨 하는 벌새 이야기가 있다. 산에 불이 나자 벌새가 부지런히 호수를 오가며 부리로 물을 날라 뿌렸다. 이 광경을 본 다른 동물들은 "그런다고 뭐가 달라지느냐?"고 비웃었다. 벌새는 말했다. "나는 할 수 있는 한 최선을 다하는 거야."

기후변화로 인한 대재앙 앞에서 우리는 한 마리 벌새 같은 작은 존재들이다. 하지만 77억 지구 인구의 벌새들이 각자 뭔가 할 수 있는 일을 한다면 기적처럼 변화가 일어날 수도 있을 것이다.

오유지족

삶에서 추구하는 것이 인생의 내용을 결정하고, 그것이 무엇이냐가 행복을 결정한다. 한마디로 내적인 가치를 추구하느냐 외적인 성취를 추구하느냐이다. 가족, 사랑, 친구, 등 우리의 내면을 풍요롭게 하는 것들 즉 '존재'에 우선적 가치를 두는지 아니면 명예, 돈, 권력 등 '소유'를 최고의 목표로 삼느냐이다. 혁신과 성공의 대명사로 불리던 스티브 잡스는 죽음 앞에서 모든 것을 후회했다고 전해진다.

"타인의 눈에 내 인생은 성공의 상징이다. 하지만 일터를 떠나면 내 삶에 즐거움은 많지 않았다. 결국 부는 내 삶의 일부가 되어버린 하나의 익숙한 '사실'일 뿐이다. 병들어 누워서 과거 삶을 회상하는 이 순간, 나는 깨닫는다. 자부심을 가졌던 사회적 부는 결국 닥쳐올 죽음 앞에 희미해지고 의미가 없어져간다는 사실을…. 내가 마지막에 가지고 갈 것은 오직 사랑과 행복이 넘치는 기억들뿐이다. 이것이 나를 끝까지 지탱해줄 수 있는 힘과 빛이다."

인간은 한번 태어나면 어김없이 노년기를 맞게 된다. 잃어버린 물질적인 것들은 다시 찾을 수 있지만 인생은 한번 잃어버리면 절대 되찾을 수 없는 유일한 것이다. 그런데도 사람들은 죽지 않고 살 것처럼 하루하루 돈벌이에만 매달리며 악착같이 살고 있다. 마지막이 다가오는 줄도 모르고 무조건 인생에 맞서 싸우려고만 드는 것이다. 욕망은 성취의 필수조건이지만 욕망이라는 이름의 전차는 멈출 줄을 모른다. 가질수록 더 갖고 싶어진다.

석가모니 부처님의 마지막 설법인《유교경》을 보면 불자가 성취해야 할 여덟 가지 덕목인 '팔대인각八大人覺'이 나온다. 첫째는 '소욕小欲(탐내지 않는 것)'이고, 마지막은 '지족知足(만족함을 아는 것)'이다. 이는 우리에게 큰 교훈을 준다. 스스로 만족함을 알아 탐내지 않는다면 명예, 돈, 권력에 휩쓸려 고통받지 않을 것이기 때문이다.《유교경》의 '지족'에 근거하여 '오유지족吾唯知足 즉 '나는 만족함을 안다'는 말을 쓴다. 모자란 것은 채워서 만족되는 것보다는 만족된 것을 드러냈을 때 오히려 만족되는 것으로 나에게 다가온다. 우리도 '오유지족 하는 사람'이 되도록 노력해보자.

유산

 자식들에게 무엇을 물려주어야 할까. 내가 죽은 다음 자식들은 어떻게 될까. 이런 생각은 부모의 입장에서는 누구나 한 번씩은 하게 된다. 특히 전쟁과 가난 등 어려운 생활을 겪은 세대의 부모들은 자녀들의 성공을 자신의 성공으로 간주하기도 한다. 부모가 자식에게 유산을 남겨주고 싶어 하는 것은 당연한 일이다. 그러나 어떤 유산을 남겨주느냐가 문제다.
 세계가 주목하는 탁월한 교육 시스템을 가졌다는 유대인들은 자식들에게 재물 교육과 정신교육을 병행시킨다. 자녀들에게 돈 버는 비결뿐만 아니라 유대교 신앙을 철저히 주입시키고 있다. 세계적인 비교문명학자가 한국을 방문해 가진 강연회에서 한국인은 각 분야에서 뛰어난 재질을 보이고 있으나 박애정신이 약해 인정사정없는 나라가 되었다고 말했다. 박애정신이 없으면 사회적 연대가 없어져 소외 계층이 생겨나 가진 자와 못

가진 자의 대립이 심각해지기 마련이라는 것이다.

　프랑스인들은 사업으로 성공하면 '내가 최고라서 성공했다. 돈을 좀 내놔야겠다'고 생각한다고 한다. 반면 미국인들은 '나는 운이 좋았다. 신이 나를 도왔다. 때문에 그렇지 못한 사람들을 도와야 할 의무가 있다'고 생각한다고 한다. 그것이 미국 부자와 프랑스 부자의 차이점으로 박애정신을 미국인 부모들이 자녀들에게 대대로 시범 보였기 때문이라고 한다.

　우리 부모들은 자식들에게 무엇을 시범 보이고 있는가. 무언가를 소유하는 것이 삶의 성공인 것처럼 행동한다. 돈 버는 법만 시범 보였지 어떻게 살 것인가 하는 삶의 의미는 시범 보이지 못했다. 자식들에게 재물을 많이 물려주는 것은 독약을 물려주는 것이나 마찬가지라는 것을 일부 재벌가 3세대의 갖가지 일탈이 잘 보여주고 있다. 지나치게 큰 재산을 물려주는 것은 불행의 씨앗이 될 수 있다.

　부처님은 스스로 충분히 만족하고 나눔을 통한 자애심으로서 함께 기뻐하고 남에 대한 자비심을 가져서 신뢰감을 생기게 하는 그런 마음이 행복이라고 가르치셨다. 중생의 고통을 측은지심으로 바라보는 데만 머물지 않고 그를 해결하기 위한 행동을 일깨우셨다. 아침저녁으로 부처님께 올리는 예배 의식에서 칠정례를 한 다음에 간절히 발원한다.

　"유원唯願 무진삼보無盡三寶 대자대비大慈大悲 수아정례受我頂禮

명훈가피력冥薰加被力 원공법계제중생願共法界諸衆生 자타일시성불도自他一時成佛道.'

예배를 올리고 나서 삼보님께 나의 절을 받아달라고 간청하고, 삼보의 가피력에 힘입어 나뿐만 아니라 남도 일시에 불도를 이루게 되기를 소원하는 것이다.

부모의 존재 가치는 그가 얼마나 가졌느냐를 보여주는 것이 아니라 어떻게 사느냐를 시범 보이는 것이다. 정신적인 유산이 자손을 번성케 하는 씨앗이 된다. '내가 깨달음을 얻기 위해서는 타인의 성장과 행복을 돕는 과정을 통해야 완전한 깨달음을 얻을 수 있다는 '자타일시성불도'의 가르침, 그것이 부모가 자녀에게 물려주어야 할 유산이다.

일본 장곡사 법당 앞에서 상좌들과 함께(2017)

목적이 있는 삶

보통 사람들은 살아가면서 많은 걱정을 하지만 한 가지 걱정은 해본 적이 없다. '돈을 어디에 써야 하나' 하는 걱정이다. 돈을 벌기도 전에 쓸 곳이 기다리고 있으니 걱정할 틈이 없다. 들어오고 나가기를 바로바로 반복하는 건강한 순환구조이다.

돈은 두 단계로 우리와 인연을 맺는다. 버는 단계 그리고 쓰는 단계이다. 열심히 벌어서 재산을 늘리며 소유욕을 만끽하는 것이 첫 단계이다. 돈으로 어려움이 생기는 것은 두 번째 단계이다. 그달 벌어서 그달 쓰는 서민들은 걱정할 필요가 없지만 어느 정도 부자가 되고 나면 쓰는 일이 간단하지가 않다. 고가의 물건들을 사며 누리는 기쁨도 잠깐이고 제한적이다.

한편 쌓아만 놓고 도무지 쓰지를 못해서 문제가 되기도 한다. 버는 단계만 있고 쓰는 단계가 없다. 돈에 대한 지나친 집착 때문에 돈이 상전이 되는 주객전도가 일어난다. 평생 안락한 생활을 할 수 있는 재산, 그 이상 번 돈은 자신이 살아있는 동안 쓸 수 없는 돈이고 상속 문제 등으로 스트레스만 높아져 오히려 해가 되는 돈이라는 것이다. 그럼에도 돈에 매여 점심 한번 여유롭게 먹지 못하는 부자들이 의외로 많다고 한다.

은행 잔고로는 백만장자, 삶은 지지리도 궁색한 가난뱅이들이다. 돈을 버는 것이 능력이라면 쓰는 것은 철학이고 지혜이다. 벌기와 쓰기 모두를 잘할 때 진짜 부자가 된다. 우리 인생이 벌어놓은 돈을 쓸 날이 그리 많은 게 아니다.

투자의 귀재로 세계 세 번째 부자라는 워렌 버핏은 건강의 비결은 '행복하게 사는 것'이고 행복의 비결은 '일'이라고 말한다. 좋아하는 일을 좋아하는 사람들과 하고 있으니 행복하고, 행복하니 건강하다는 것이다. 달리 가고 싶은 데가 있다면 가겠지만, 가장 좋은 곳이 사무실이니 그는 지금도 매일 출근을 한다는 것이다. 또한 미국 내 기부왕 순위 1위를 기록한 그는 자기 전 재산의 85퍼센트에 달하는 35조 원을 기부하고, 남은 재산도 생전 혹은 사후에 모두 자선사업에 사용할 계획이라고 밝혔다. 사회에 기여하고 환원함으로써 스스로 인생을 의미 있게 만드는 것이다.

모든 일에서 손을 떼는 나이로 여겨졌던 노년을 '일'로 즐기는 70~80대가 늘고 있다. 수명이 길어져 은퇴하고도 수십 년을 사는데 마냥 노는 것이 편치만은 않다. 노동, 즉 일하고 도전할

목표가 있을 때 우리는 신이 나고 삶에 활력이 생긴다. 노년이라고 다르지 않다. 노년에 대한 인식을 바꿀 때가 되었다. 손 놓고 노는 노년이 아니라 뭔가 일하는 노년으로 계획을 바꾸지 않으면 생의 마지막 20~30년은 무료함의 수렁이 되고 말 것이다. 매일 아침 일어나면, 할 일이 있다는 것이 감사하고 하고 싶은 일을 하고 있다는 사실에 기뻐할 일이다. '목적이 있는 삶'은 노년에 더더욱 필요하다. 건강과 행복의 비결이다.

사회적 가치

코로나19라는 재난으로 사회가 '비대면' '온라인' 생활문화로 급변화하면서, 우리는 이제 어떤 사회가 좋은 사회인가에 대해 질문을 하게 되었다. 사회 계층 간 경제·교육 격차가 심화되어 가고 공공의식에 대한 견해 차이가 드러나는 등 초래될 문제점을 완화하기 위해 바람직한 '사회적 가치'에 대해 생각하기 시작한 것이다.

이른바 '포스트 코로나 시대'라고 요즘 자주 듣는 이 시대, 추구해야 할 사회적 가치를 모색하는 것이 당면 과제가 되었다. 과연 사회 전체가 같이 지켜야 할 가치는 무엇일까. 코로나19는 지구촌의 국가와 사회, 조직 내부의 취약성이 그대로 드러내는 계기가 됐다. 재난으로 드러난 국가의 민낯은 제각각이었다. 중국에서는 강력한 국가주의에서 발생하는 폭력성이 드러났고, 미국은 자유를 강조하지만, 공익성이 사라진 심각한 불평등 시대가 도래한 듯 수면 아래 잠복해있던 문제들이 봇물 터지듯 나오는 모습을 보였다.

　반면 우리는 코로나19를 경험하며 새로운 가능성을 보여주고 있다. 코로나19에 대해 차별 없이 공정하게 대응하고, 시민들의 자발적인 참여도가 높았으며, 여러 가지 정보들이 투명하게 공개되었다. 그 바탕에는 핵심적인 기술력, 우수한 의료 인력의 역량을 보존하면서 신속하게 시스템을 구현하며 대응했던 것이 작용했다는 평가이다.

　더운 날씨에도 혹여 남에게 바이러스를 옮길까봐 성실하게 마스크를 쓰는 국민, 내 한 표가 세상을 바꾸지 못한다는 사실을 알면서도 기꺼이 투표장에 나타나 신성한 한 표를 행사하는 시민, 이윤을 추구하되 공공의 가치를 새로 마련하는 사업 모델을 적극적으로 모색하는 기업, 생태를 경제활동의 중심에 두는 생태 중심적 기업 등…. 이런 행동과 정신이 바로 '사회적 가치'를 인식하고 존중하는 데서 나온다.

　'사회적 가치'의 근간은 불교의 도덕적 인과율인 인과응보因果應報의 진리이다. 인과응보의 원동력은 '업業'의 이치가 작용한다. 하나의 말, 행위 또는 뜻은 반드시 선과 악, 고苦와 낙樂의 응보를 가져온다. 생로병사를 거듭하는 만물, 사회는 그 모든 부분이 유기적으로 연결되어 있다. 모든 사회현상은 상호 인과적인 관계에 놓여 있기 때문이다.

　한 개인 안에서나 또한 한 사회 안에서나, 물질과 도덕적 정신 사이의 균형을 유지할 때 사회는 삶의 동력을 갖게 된다. 아무도 겪어보지 않은 포스트 코로나 시대에서는 우리가 파괴한 생태계 자체가 위험의 원천이 되고 있고, 이것은 피할 수 없는 재난이기에 앞으로 보이는 문제들은 복합적으로 작용한 재난으로 발생할 것이라는 게 전문가들의 진단이다.

이제 우리는 변화의 과정에서 공공성의 중요성을 확인하고 공공의 이익에 이바지할 수 있는 대안을 마련해야 한다. 자신을 위할 뿐만 아니라 타인 즉 사회적 가치를 위해 판단하고 행동하는 것이다. 즉 자리이타自利利他의 삶이다.

청계사에서 명예문학박사 학위 취득을 기념하며(2020)

길이 끝나는 곳

코로나19가 언제 끝날지 모르는 불확실성을 안고 하루하루를 살면서 드는 생각은 번영과 행복의 새로운 세상으로 가는 길은 멀고 험하다는 것이다. "원숭이도 나무에서 떨어진다"는 속담이 있다. 원숭이는 나무에서 떨어질 수가 없다는 것을 전제로 하는 말인데, 사실은 원숭이들도 꽤 떨어진다고 한다. 서울대에서 야생동물의학을 가르쳤던 신남식 명예교수에 의하면 원숭이들이 상황 판단 능력과 균형 감각을 잃을 정도로 긴박한 상황에 처하면 나무에서 떨어져 다치기도 하고 죽기도 한다고 한다.

'떨어진다'는 것은 두 가지 조건을 필요로 한다. 첫째, 평소의 위치가 높을 것. 둘째, 평상시의 판단 능력을 마비시키는 어떤 상황에 휘말릴 것. 성공에 성공을 거듭하며 높이 올랐던 인물들이 방심한 어느 순간 추락하는 일은 유사 이래 반복되어 왔다. 때로는 탐욕에, 때로는 자만심에, 때로는 애욕에…. 두 눈이 멀어 판단 능력을 상실하면 수십 년 쌓아올린 성이 하루아침에 무너지는 일이 가능하다. 절대로 떨어질 것 같지 않은 원숭이가 나무에서 떨어지는 이치이다.

그럼에도 우리는 더 높이 더 멀리 자유와 행복을 향해《갈매기의 꿈》의 주인공 조나단 리빙스턴을 배운다. 단지 먹이를 얻기 위해 날지 않았고 무리에서 추방당하지만 자신의 한계를 뛰어넘기 위해 끊임없이 비행법을 연마하는 조나단. 결국 초현실적인 공간까지 날아오른다.

고통의 끝에
문이 있어요.

노벨 문학상 수상한 루이즈 글릭(Louise Gluck)의 시구다. 유난히 힘든 시간을 견디고 있는 시절 탓인지 모르겠다. 짧은 시구 하나에도 의미를 더 부여하고 자꾸 새겨보게 된다. 고통의 끝에 있다는 그 문은 어떤 희망을 내포하고 있는 문일까. 중국 작가 루쉰은 "처음부터 길은 없었다. 한 사람 두 사람 걷다 보면 자연스레 길이 된다"고 했다. 그리고 "길이 끝나는 곳에서 길은 다시 시작 된다"고 했다. 모든 길은 이어지고 끊임없이 길이 만들어지며 또 사라진다. 사람이 걷는 길은 원래 정해진 게 아니라 만들어가는 것이다.

공생

지금 이 세상 어디선가 울고 있는 사람은
이 세상에서 까닭 없이 울고 있는 그 사람은
나를 위해 울고 있다.
지금 한밤중에 어디선가 웃고 있는 사람은
한밤중에 까닭 없이 웃고 있는 그 사람은
나를 두고 웃는 것이다.
지금 이 세상 어디선가 가고 있는 사람은
까닭 없이 가고 있는 그 사람은
나를 향해 오고 있다.
지금 이 세상 어디선가 죽어가고 있는 사람은
까닭 없이 이 세상에서 죽어가고 있는 그 사람은
나를 응시하고 있다.

독일 시인 릴케(Rainer Maria Rilke, 1875~1926)가 쓴 시 〈엄숙한 시간〉이다. 이 세상에서 혼자인 줄 알았는데, 이 세상 어딘가에서 누군가가 나를 보고 울고, 웃고 또 나를 향해 걸어온다. 심지어 어디선가 죽어가는 사람은 나를 슬픈 눈으로 쳐다보고 있다. 지금 이 순간은 '엄숙한 시간'이다.

인생은 함부로 예단할 수가 없다. 삶은 혼자가 아니다. '엄숙'이라는 말로 가벼움을 떠나 생을 진지하고 겸허하게 바라보아야 함을 우리에게 웅변한다. 무관한 사람끼리 운명처럼 뒤얽혀 있는 두렵고도 신비한 생명체의 비밀들을 익히게 된다. 우리는 코로나19를 겪으며 나와 무관하다고 생각한 사람의 기침 하나가 내 일상의 생활을 뒤집어놓은 상황도 겪었다.

누구나 쓰고 다니는 똑같은 마스크 한 장에서도 '나와 남의 생명을 지키기 위해서'라는 새로운 의미를 찾아낼 수 있는 시각과 생각을 얻게 되었다. 간단한 의미 같지만, 지금까지 우리는 그렇게 사고하지 않았다. '나를 위해서 쓴다'라는 사적 또는 이기적이거나, '남을 위해서 쓴다'는 공적 또는 이타적으로밖에 생각할 줄 몰랐다.

오늘날 같은 경쟁 사회에서는 '나'에게 득이 되는 것은 '남'에게는 '실'이 되고, '남'에게 득이 되는 것은 '나'에게는 '해'가 되는 대립 관계로 형성되어 있었다. 그래서 이것 아니면 저것의 이분법적 배제의 논리가 지배해왔던 까닭이다. 하지만 신기하게

흥국사에서 성타 스님과 함께

도 코로나19로 우리는 마스크의 본질과 그 기능이 그 어느 한쪽이 아니라 양면을 모두 통합한 것이라는 사실을 발견하게 된 것이다. '나를 위해 쓰는 마스크는 곧 남을 위해서 쓰는 마스크'라는 공생 관계는 지금까지 생명의 진화를 먹고 먹히는 포식 관계에서 남을 착취하는 기생 관계로 해석해왔던 편견에서 벗어 날 수 있게 한 것이다. 마스크의 기능과 본질이 공과 사, 나와 남의 이분법적 대립을 넘어선 의미를 가진 것이다.

사실 우리나라에는 이미 '누이 좋고 매부 좋고' '도랑치고 가재 잡고' 같은 속담들이 있다. 요즘 세상에서 말하는 '윈윈 전략'이라는 말도 있다. '나를 위해 쓰는 마스크는 곧 남을 위해 쓰는 마스크'라는 말은 대승불교의 근본인 나와 남이 둘이 아니라는 자타불이自他不二의 정신이며, 남도 이롭게 하면서 자기 자신도 이롭게 하는 자리이타自利利他로 대승의 보살이 닦는 수행 태도이다. 자타불이를 알아야 보살이 되고, 나와 남이 하나라는 동체대비심同體大悲心의 마음을 일으킬 수 있다.

나이 듦의 지혜

사람은 나이만큼 삶을 안다. 20대에게 서른 너머의 삶은 미지의 영역이다. 나이 들면 무슨 재미로 사나 막연히 생각할 뿐이다. 40대에게는 아마도 예순 이후의 삶이, 60대에게는 여든 이후의 삶이 그러할 것이다.

그렇게 나이 들어도 삶은 재미있을까. 나이 들면 '편한 게 최고!'라는 말들을 한다. 따뜻한 안방에서 꼼짝 않고 누워 지내는 것 같은 편안함이다. 기대수명이 80세 정도라면 아마 그렇게 살아도 될 것이다. 하지만 지금은 백세 시대로 "운 나쁘면 100살까지 산다"는 농담이 오갈 정도로 변화했다. 노화로 심신이 병든 상태로 계속 살아야 한다면 장수는 고역이자 고욕이라는 말이다.

그러니 100세까지 살 것에 대비해 건강을 챙기는 것이 노년의 과제이다. 노년은 아무것도 하지 않아도 누가 뭐랄 것 없는 일종의 해방기이다. 그래서 필요한 것이 스트레스라고 한다. 적당한 정신적·육체적 스트레스가 노화를 늦춘다고 전문가들은 말한다.

노년의 고인 물 같은 삶에 자극이 필요하다. 차일피일 미뤘던 요가나 걷기도 시작하고 엄두가 나지 않던 외국어, 드럼, 피아노, 그림 공부도 시작해보자. 실패를 두려워할 필요도 없다. 노년에 실패를 한들 뭘 얼마나 잃겠는가. 무엇이든 시작만 해도 '성공'이다.

50년간 정신과 전문의로 환자를 돌보고 학생들을 가르쳐 온 이근후 이화여대 명예교수는 '어떻게 살 것인가'를 고민하는 후배들에게 《나는 늙을 때까지 재미있게 살고 싶다》라는 책을 통해 나이 듦의 지혜를 이렇게 전했다. "노년에는 좀 무모해 봐도 좋겠다. 과감하면 좋겠다. 삶이 끝나는 그날까지. 재미있는 인생을 위하여 재미있는 일만 골라 한 것이 아니라 내가 해야 할 일을 재미있는 쪽으로 만들어 갔다."

우리는 평생 시험, 취업, 결혼 준비 등 많은 준비를 하지만 정작 나이 듦의 준비는 소홀하다. 나이 드는 것도 반드시 '선행 학습'이 필요하다. 아무리 준비해도 막상 닥치면 당황하고 실수하기 마련인데, 나이 든 후에 시작한다면 너무 늦다.

노인 문제

최근 전남 무안 선착장에서 70대 여성과 두 형제가 타고 있던 차량 해상 추락 사망 사고의 범인은 당시 차량을 운전했던 아들이자 동생의 범행으로 드러났다. 미혼인 동생은 함께 모시던 어머니의 치매 증세가 갈수록 심해지자 모시기가 힘들어져 친형과 함께 극단적 선택을 시도했다고 자백했다고 한다.

'긴 병에 효자 없다'고 했다. 치매는 장기간의 간병이 불가피하다. 환자와 더불어 간병인도 심신이 쇠약해지고 간병 기간 내내 스트레스에 시달리게 된다. 여기에 치료비도 비싸 경제적 파산을 초래하며 끝내 가족 파괴로 마무리되기 십상이다.

고령화 사회에서 노인 문제는 우리 모두의 문제다. 어느 집이나 부모나 조부모, 시부모 중에서 누군가가 아프거나 거동이 불편하거나 치매에 걸려서 가족들이 애쓰는 이야기를 듣게 된다. 특히 치매가 큰 문제다. 노인 10명 중 1명 이상은 치매 환자라고 한다.

네덜란드 암스테르담 외곽에 '호그벡'이라는 '치매 마을'이 있다. 27채 주택과 카페, 극장, 상점, 식당, 공원, 미용실 등이 모여 있는 여느 평범한 마을과 다를 바 없어 보이는 이곳 주민들은 중증 치매환자 188명과 '사복'을 입은 의사와 간호사, 자원봉사자 250여 명으로 이루어져 있다. 치매환자들이 사회와 단절되지 않고 의료시설 같지 않은 환경에서 '정상적으로' 살고 있다. 물론 정부의 지원을 받아 가능했다.

치매환자들은 생의 마지막 날까지 존엄을 지키며 살아가는 것이다. 우리는 모두 노인이 된다. 그리고 상당수는 치매에 걸릴 것이다. 뻔히 보이는 피할 수 없는 미래다. 언제까지 모른 척 할 것인가? 가뜩이나 저출산 사회에서 치매 환자 간병을 가족이 책임져야 하는 체제라면 희망이 없다.

사바세계를 사는 지혜

세상을 항시 여유롭고 평온한 마음으로 살아가기란 어려운 일이다. 우리는 끊임없이 누군가를 향해 화를 내고 노여워하며, 때로는 적개심과 증오감으로 가슴을 끓이며 하루하루를 고통스럽게 살아간다. 부처님은 우리가 사는 이 세상을 사바세계라 하셨다. 사바娑婆는 산스크리트어로 '참고 견뎌낸다'라는 의미를 담고 있다. 온갖 고통과 번뇌를 참고 견디며 살아가야 하는 세상, 즉 인토忍土가 바로 사바세계이다.

왜 우리가 사는 세상에서는 고통과 번뇌가 그치지 않는가. 부처님은 삼독심三毒心 때문이라고 하셨다. 삼독심은 탐진치貪瞋癡로 대변되는 세 가지의 해로운 마음이다. 삼독심을 없애버리면 당장이라도 고통과 번뇌에서 벗어날 수 있겠지만, 안타깝게도 해탈하지 못한 중생들은 마지막 숨이 멈출 때까지 삼독심에서 벗어나기란 쉽지 않다.

마음먹은 대로 이루어지지 않는 세상, 떠나고 싶어도 떠날 수 없는 세상을 살아가려면, 우리는 어쩔 수 없이 고통과 번뇌를 감내하며 인고忍苦의 삶을 사는 수밖에 없다. 삼독심이 생겨나는 심층의식의 근저에는 아상我相이 있다. 아상이란 나를 중심축으로 삼아 세상을 바라보려는 자기중심적 태도를 말한다. 동일한 사태를 놓고도 보는 사람에 따라 해석과 평가가 엇갈리는 것은 각자가 가지고 있는 아상 때문이다.

사람들은 아상에 근거하여 자신의 해석이 옳다고 주장한다. 자신의 해석이야말로 참이라고 강변한다. 서로 다른 아상에 근거한 배타적 진리 주장들은 불가피하게 충돌할 수밖에 없다. 충돌은 투쟁으로 이어지고, 투쟁은 마침내 서로를 타도하지 않으면 안 될 적으로 간주하는 극한 대립으로 치닫게 된다. 세상을 바라볼 때 단 하나의 올바른 해석만이 존재한다는 믿음을 일원론 또는 절대주의라 한다.

이와 달리 보는 사람의 관점에 따라 다양한 해석이 있을 수 있다고 여기는 태도를 다원론이라 한다. 모든 사람이 일원론에 빠져 배타적으로 자기만이 옳다고 주장할 때 사람들 간의 충돌은 불가피해진다. 다원주의가 안착한 사회 문화에서는 공적 사안에 관한 다양한 이견들이 독단적 자기주장이 아닌 대화와 토론을 거쳐 최종적으로 조정과 타협에 이르게 된다.

우리는 어쩔 수 없이 고통과 번뇌로 얼룩진 사바세계를 견디면서 살아가야 하지만, 적개심과 증오를 최소화하기 위해서는 너그러움과 포용력 그리고 덕을 다시 한번 음미해볼 필요가 있다. 적대적 이분법을 해소하기 위한 독단론적 시비 다툼과 배타적 극한 투쟁으로 점철된 우리의 현실에도 사사해주는 바가 적지 않다.

자기 자신의 경험만을 직접 느낄 수 있고 한 개인이 경험할 수 있는 세상의 크기는 한정적이다. 그러다 보니 많은 사람이 자신과 비슷한 사람들에 둘러싸여 작은 세상을 경험하고 이것이 세상의 '전부'라고 믿는 오류를 보인다. 편협한 사고방식에서 벗어나기 위해서 적어도 이러한 오류를 인식하고 좀 더 다양한 배경의 사람들과 어울리려 애쓰는 것이 바람직하다.

최장 열대야

한 달 넘도록 최악의 폭염에 밤잠을 설치게 하는 열대야가 가까스로 끝났다. 열대야 일수는 총 37일로 근대 기상관측 이래 최장 기록이다.

지구온난화로 인한 결과물이라는데 이러다가 북극곰은 물론 해수면 상승으로 다양한 생물종이 멸종하는 시대가 다가올지도 모르겠다. 문제는 앞으로 이러한 이상기후가 한층 심해질 전망이라는 점이다.

올해 전 세계적으로 극한 폭염이 발생하자 안토니우 구테흐스 유엔 사무총장은 "극심한 더위는 점점 더 경제를 어렵게 하고, 불평등을 확대하고, 지속가능한 개발 목표를 훼손하고, 사람들을 죽이고 있다"고 경고했다. 그는 "더위로 인한 사망자가 태풍 피해 사망자보다 약 30배 더 많다"면서 "전 지구적인 대책이 필요하다"고 역설했다.

기후위기의 현실이 이 정도로 심각한데, 사람들은 왜 적극적으로 탄소중립을 행동으로 옮기고 있지 않은 것인가? 심리학자들은 이 문제에 대해 신념과 행동의 불일치 현상을 설명하고자 애써왔다. 즉 현실적으로 불편함을 유발하는 탄소중립적 행동을 실천하지 않음과 기후 위기에 대한 인지의 괴리를 줄이고자 다양한 방어적 태도를 취한다는 것이다. 즉 기후 위기의 임박성을 애써 외면해왔다.

그렇다면 어떻게 대처하는 것이 필요한가? 한 가지 제안은 개개인이 행동적 개입이 필요한 친환경 정책부터 사소하면서도 세세하게 출발해보면 어떨까? 즉 만보기를 활용하여 건강도 지키고 에너지 소모도 줄이는 방식이다. 이제는 지구를 더 이상 희생시키지 않고 행복한 삶을 유지할 방법을 도모해야 할 때이다.

물러남의 가르침

 가을은 퇴장을 교훈하는 계절이다. 무성했던 초목들도 가을이 되면 퇴장의 쓸쓸함을 우리에게 가르쳐주지만, 그래도 봄이 되면 다시 만날 기약을 동시에 던져주므로 이별이 마냥 슬픈 것만은 아니다. 아름다운 퇴장은 새로운 시작을 알리는 종소리다. 모든 것은 종지부가 있다.
 인생의 자연스러움이며 노년기 역할의 전환점인 은퇴. 성공을 향한 책임감 하나로 달려왔던 청춘과 열정의 길 위에 어느 날 문득 가만히 혼자 서 있는 심정은 모든 게 낯설기만 할 것이다. 하나의 사회적 역할에서 다른 사회적 역할로의 이동하는 그 심정은 후련함일까, 공허함일까 아니면 새로운 시작에 대한 기대감일까.
 전통적인 의미에서의 은퇴는 직업이나 일의 종결을 의미했다. 하지만 최근에는 삶의 다양한 모습으로 인해 은퇴의 의미도 조금씩 바뀌고 있다. 은퇴 후에 경제적인 이유로 혹은 육체적, 정신적 건강을 위해 시간제 일을 가짐으로써 부분적 의미의 은퇴, 은퇴하지 않은 은퇴 그리고 정년에 앞서 조기 은퇴하는 명예퇴직 등이다.

제아무리 경제적으로 성공하고 높은 지위에 오른다고 해도 은퇴 이후의 삶이 외로움과 허무함에 빠진다면 무슨 의미가 있겠는가. 50대 이후 은퇴를 하고 나면 우리의 인생은 커다란 전환점을 맞이한다. 가장 큰 문제는 자신이 원하는 삶이 무엇인지도 모른 채 그저 남들이 부러워하는 삶이 자신이 원하는 삶이라고 착각하며 그 망상 속에서 헤어나지 못하는 것이다.

은퇴 이후의 삶은 남의 눈을 의식하지 말고 내가 진정 원하는 것이 무엇인지 발견하고 그것을 즐기는 삶이어야 한다. 100세 철학자 김형석 교수는 "성장하는 동안은 늙지 않는다"라고 했다. 자신이 가장 행복했던 시절은 60세에서 75세라고 회고한다. 무엇을 하든 사회 속에서 자신의 존재 가치를 확인할 수 있는 활동의 필요성에 대해 조언하고 있다. 만나면 헤어지는 '회자정리會者定離'는 우리들의 상식이지만, 그래도 작별을 어떻게 하느냐는 모든 사람의 관심사가 아닌가. 작별을 잘하고 퇴장을 잘하는 것이 일을 시작하기보다 훨씬 어렵기 때문이다.

부록

大弓堂 宗常 法語集 無孔笛

대궁당 종상 대종사 행장
大弓堂 宗常 大宗師 行狀

1948년 전라북도 임실군 강진면 문방리에서 아버지 김오석金五石과 어머니 양일녀梁一女의 4남 2녀 중 다섯째로 태어났다. 어린 시절부터 생사의 문제와 무상의 신속함을 깨닫고, 진리를 구하고자 깊은 구도의 여정을 시작하였다.

출가 이후 월산 큰스님으로부터 수행자의 자세와 선수행의 근본 원리를 수학하면서, 계정혜戒定慧를 준수하는 삶과 마음을 닦는 수심修心의 중요성을 깊이 깨우쳤다. 항상 《신심명信心銘》을 수지 독송하고 참선을 생활화하며 수행자의 본분을 몸소 실천하였다. 이러한 수행과 가르침은 대종사의 수행과 교화의 기틀을 다지는 지침이 되었으며, 불법을 전하는 실천적 토대가 되었다.

1967년 12월 16일 법주사에서 수선안거 이래 6안거를 성만하였다. 1973년 10월 15일 법주사에서 석암 화상을 계사로 비구계를 수지하였다. 1974년 법주사 강원에서 대교과 과정을 마쳤다. 1975년부터 불국사 재무국장으로 재직하면서 사찰 운영에 참여, 원융圓融과 합리合理를 바탕으로 사중寺中의 살림을 책임졌다.

1980년에는 대한불교조계종 총무원 조사국장에 임명되어 종단 실무 소임을 본격적으로 시작하였다. 1985년에는 총무원 총무국장을 맡아 종단 운영 전반에서 주요 종무를 원만히 수행, 이후 종단 최고 의결기구인 중앙종회 8대, 9대, 12대, 14대, 15대 등 다섯 차례 중앙종회의원으로 선출되어 종단 개혁과 현대적 포교 활성화를 위한 정책 수립 과정에서 중추적인 역할을 하였다.

포교와 행정의 이론적 토대를 확립하기 위해 1988년 동국대학교 행정대학원 과정과 2004년 동국대학교 불교대학원 불교경영자 최고위과정을 수료, 2020년 10월 12일에는 중앙승가대학교 명예 문학박사 학위를 받았다. 이러한 학문적 성취를 바탕으로 종단 운영과 종책 실행의 효율성을 높이고, 현대적 시대정신에 부합하는 포교 전략을 제시하였다.

은사이신 성림당 월산 큰스님이 창간한 《법보신문》을 독립 언론사로 자리 잡게 하는 데 중요한 역할을 하였다. 《법보신문》은 월산 큰스님이 1988년 "불교계에도 바르고 꼿꼿한 언론, 포교 활성화를 위해 참신하고 기획력이 빼어난 언론이 절실하다"는 원력으로 창간한 매체이다. 창간 당시 월산 큰스님은 '존경진리尊敬眞理, 굴복아만屈伏我慢, 공명정대公明正大'라는 사훈을 제정하여 불교 언론의 새로운 방향을 제시하고 포교와 전법, 정론 직필의 정신을 실천하도록 이끌었다.

대종사는 이러한 정신을 계승하여 2005년 《법보신문》이 독립 언론사로 확고히 자리 잡도록 하였다. 불교계에 바른 목소리를 전하는 동시에 사회적 약자와 소외된 이들에게 희망을 전하며 공익적 가치를 실현하는 데 크게 기여하였다. 또한 불교계 안팎을 위한 다양한 공익적 활동을 통해 불교의 사회적 역할을 확대하였다.

2009년에는 BBS불교방송 재단 이사, 2013년 BTN 명예이사를 역임하며 방송 매체를 통한 다채롭고 역동적인 포교와 전법에 헌신했다. 이와 더불어 한국불교를 대표하는 불국사를 수행, 교육, 전법의 도량으로 이끌며 그 가치를 한층 드높였다. 수행 분야에서는 불국사 불국선원, 시민선원인 불국사 참선 체험관,

경주 부인선원, 청계사 대궁선원을 적극 지원하여 수행의 기반을 공고히 다졌다. 교육 분야에서는 불국사와 불국사 문화회관, 청계사, 석가사를 중심으로 다양한 불자 교육 프로그램을 운영하였다.

2018년에는 불국사 성보박물관을 개관하여 불국사의 역사와 성보 문화재의 가치를 널리 대중에게 알리며 불교문화의 이해와 신심을 고취시켰다. 학술 분야에서는 원효학연구소를 통해 학술대회를 개최하여 불교 사상의 심화를 도모하였다. 특히 2019년과 2021년에는 월산 대선사의 생애와 사상을 조명하는 학술대회를 후원하였다. 또한 경허 선사 선양을 위한 연구에도 아낌없이 지원하며 불교학 발전에 크게 기여하였다.

전법에 있어서는 2002년 불국사 자원봉사단을 결성하여 불국사가 지역 사회와 세간의 조화로운 교류를 통해 불법의 공익적 가치를 실현하는 도량으로 거듭날 수 있도록 힘썼다. 불국사 자원봉사단은 불·법·승 삼보에 귀의하여 오계를 지키고 육바라밀을 실천하면서, 국내뿐만 아니라 미얀마, 캄보디아, 스리랑카, 베트남 등에서의 구호 활동을 통해 불교의 자비를 전하며 어려운 이웃을 돕고 있다. 이 같은 노력을 통해 불국사가 수행 중심 도량을 넘어, 사회적 책임과 공익적 가치를 구현하는 모범적 도량으로 자리매김하는 데 중추적인 역할을 하였다.

2003년 동국대학교 이사로 재직하며 불교 교육의 체계화와 불교적 가치를 전파하는 데 기여하였다.

2004년에는 금강산 신계사 복원 추진위원장으로 활동하며, 남북 불교 교류와 민족 화합의 상징적 역할을 수행하였다. 특히 신계사 복원 사업은 단순한 사찰 복원을 넘어, 분단된 한반도에서 불교를 통해 평화와 화합의 메시지를 전하는 중요한 계기가 되었다.

또한 2005년 민주평화통일자문회의 상임위원으로서 불교계의 관점으로 평화 통일을 위한 정책 제언과 자문에 적극적으로 참여하였다. 이러한 역할들은 대종사가 불교의 전통적 수행을 넘어, 현대사회에서 불교의 사회적 책임을 실천하는 데 앞장섰음을 보여준다.

2000년 4월에는 근현대 선불교의 중흥조인 경허 선사가 출가한 사찰이자 불교계 정화운동의 주역이었던 금오 선사가 주석했던 청계사에 주지로 부임하였다. 경허, 만공, 보월, 금오, 월산 선사로 이어지는 덕숭 선맥의 전통이 흐르는 청계사를 대대적인 불사를 통해 사찰 기반을 정비하고 수행 공간을 확충하며 선종 전통사찰로 재정립하여 새로운 도약을 이끌어 내었다. 이를 통해 청계사는 현대 한국 선불교의 중심 도량으로 자리 잡았으며, 수행과 전법의 조화를 이루는 정신적 구심점으로 자리매김하게 되었다.

2010년 2월에는 분당 석가사 주지로 취임하여 수도권 도심 포교에 전념하였다. 대종사는 도심 속 불교 도량의 역할을 강화하고, 이를 통해 현대사회와 전통문화가 조화롭게 공존할 수 있는 기반을 마련하기 위해 헌신하였다. 이러한 노력은 수도권 포교의 새로운 지평을 열며, 현대 한국불교의 도심 포교 모델을 정립하는 데 크게 기여하였다.

2021년 10월 21일 종단 최고의 법통과 위의를 상징하는 대종사 법계를 수지하였다. 2022년 12월 1일 원로회의 의원으로 임명되어 종단의 발전을 위해 주요 현안을 살펴보다가 불기 2568년(2024) 11월 8일(음 10월 8일) 오전 1시, 법랍 60년, 세납 76세를 일기로 불국사 정혜료에서 원적에 들었다.

몸과 마음으로 종단과 불자들을 위해 기울인 헌신과 전법, 나눔의 가르침은 한국불교의 발전과 화합을 비추는 영원한 등

불로 기억될 것이다. 생애의 마지막 순간까지도 불법의 가르침을 전하면서 임종게를 남겼다.

嫌猜蕩滌 혐시탕척
毁譽何留 훼예하류
超然脫生死 초연탈생사
金烏徹天飛 금오철천비

미움도 싫어함도 깨끗이 씻어버리니
헐뜯고 칭찬함이 어디에 붙겠는가
초연히 생사를 해탈하니
금까마귀 하늘 뚫고 날아가네

대궁당 종상 대종사 영결식(2024)

대궁당 종상 대종사 영결식(법구 이동, 2024)

대궁당 종상 대종사 영결식(만장 행렬, 2024)

대궁당 종상 대종사 영결식(만장 행렬, 2024)

대궁당 종상 대종사 영결식(만장 행렬, 2024)

대궁당 종상 대종사 영결식(2024)

대궁당 종상 대종사 다비식(2024)

엮은이 ㅣ 불국사 대궁문도회
대궁당 종상 대종사의 상좌들로서 스님의 유업을 받들어 실현하는 문도들의 모임

상좌 ㅣ 성행 성밀 성웅 성제 성호 성요 성광 성담 성민 성혜 성명 성화 성학 성주
　　　성만 성조 성견 성심 성구 성법 성연 성진 성실 성상 성각

손상좌 ㅣ 명원 명법 명혜 명종 명우 명지 일학 일선 일문 일우 현천 현묵 현광 현종
　　　　지범 금종 금어 금곡 금안

법공양 ㅣ 불국사, 석굴암, 청계사

대궁당 종상 법어집
無孔笛

1판 1쇄 인쇄　2024년 12월 15일
1판 1쇄 발행　2024년 12월 26일

지은이	대궁 종상
엮은이	불국사 대궁문도회
감수	석산 성행
편집	성견
편집위원	성제, 성호, 성광, 정수
자문	덕민, 법달, 보광, 관우, 종후, 종성, 종문, 종법, 운성, 기연, 종수, 종우, 현성, 종덕, 성륜, 종천, 진일, 종봉
발행인	원명(김종민) • 대표 남배현 • 기획 모지희 • 책임편집 박석동 • 경영지원 허선아
디자인	동경작업실
펴낸곳	(주)조계종출판사 서울시 종로구 삼봉로 81 두산위브파빌리온 1308호
출판등록 제2007-000078호(2007년 4월 27일)
전화 02-720-6107　전송 02-733-6708　이메일 jogyebooks@naver.com
구입문의 불교전문서점 향전(www.jbbook.co.kr) 02-2031-2070

ISBN 979-11-5580-246-5 (03220)

(주)조계종출판사의 수익금은 포교·교육 기금으로 활용됩니다.
저작권법에 의하여 보호를 받는 저작물이므로 무단으로 복사, 전재하거나
변형하여 사용할 수 없습니다.

조계종출판사 지혜와 자비의 눈으로 세상을 바라봅니다.